El Crackòvia de les 6 copes

minoria absoluta
veranda.tv
Columna
3

El Crackòvia de les 6 copes

Primera edició: abril del 2010
Llibre realitzat amb llicència de Televisió de Catalunya, S.A.
Llibre basat en el programa de televisió *Crackòvia*, produït per Televisió de Catalunya, S.A.

Coordinació de TVC: Elena Goixens i Josefina Vallhonesta

Edició a cura de Jordi Graví
Textos de Jordi Graví
Disseny, il·lustracions i maquetació: Luis Ozonas

Guions de l'equip de guionistes del Crackòvia
Fotografies: Anna Jiménez Roig
Material videogràfic addicional: Equip Crackòvia
Producció executiva: Toni Soler i Carles Gené
Direcció Crackòvia: Pau Escribano

Carrer Peu de la Creu, 4 – 08001 Barcelona
ISBN: 978-84-664-1268-1
D.L.: B. 10.081-2010
Imprès a: EGEDSA

www.tv3.cat/botiga
www.tv3.cat/crackovia
www.columnaedicions.cat

Això és gravíssim

6
9

EL BARÇA DE LES 6 COPES

Escriure un pròleg per a un llibre és tot un honor. És pitjor escriure un pròleg per a un certificat de defunció, per a una recepta mèdica o per a les instruccions de muntatge d'una llitera de l'Ikea. No hi ha dubte que per als culers aquesta ha estat una temporada magnífica. Com a màxim responsable de la bona marxa de l'equip de futbol se m'ha demanat escriure aquesta introducció al llibre, fent un petit resum de com hem viscut aquests 6 títols aconseguits. Error! El mèrit sempre és de l'equip. És per això que no seré jo qui us faci aquest pròleg sinó bona part de la plantilla. Evidentment, com que sóc l'entrenador, començarà un servidor. Algun privilegi havia de tenir, no?

Perseverar

Perseverar. Aquesta és la clau. Perseverar, perseverar i perseverar. Així ho vaig insistir a la plantilla el primer dia: *"Si volem ser un equip guanyador tots hem d'anar a la una"*. Quina gran frase per motivar l'equip! Malauradament la gent no ho va entendre, i l'endemà ningú es va presentar a les onze per entrenar. Es van presentar a la una! La mare que els va...

No és gens estrany, doncs, que en els primers partits de Lliga patíssim una derrota a Numància i una ensopegada a casa empatant contra el Racing de Santander. La gent començava a no creure en el nou projecte. Fent autocrítica, vaig decidir que el Tito i jo ens hi fixaríem més a l'hora de mirar els vídeos dels rivals, i no ho faríem com quan anem als Verdi, pensant en la fotografia, la banda sonora, el que ens ha volgut dir el director..., ens fixaríem només en el joc de l'equip que espiàvem. La cosa va anar molt millor, oi tant! Ara només faltava donar un toc d'atenció als jugadors.

Vaig amenaçar tot l'equip de posar-los cada dia, abans d'entrenar, "Campanades a morts" del Lluís Llach vuit vegades seguides cantades pel Txiki Begiristain amb quinze xiclets a la boca. Es van espavilar en un tres i no res. A partir d'aquí tots es van posar les piles i vaig poder inculcar-los la meva filosofia del perseverar. El problema el vaig tenir amb els estrangers de l'equip, que, en no entendre el català, van creure que em referia a menjar percebes. 8 quilos es van engreixar, el Touré i el Keita, sense comptar que se'ls va disparar el colesterol. Era més fàcil saltar-los que rodejar-los. Ho vaig haver de solucionar fent-los fer sessions de fúting per la platja de la Barceloneta matí, tarda i nit. Bé, suposo que a la nit també corrien, perquè era difícil veure'ls en la foscor.

Les victòries van anar caient al nostre sac, amb un Messi, un Eto'o i un Henry inspiradíssims. La cosa marxava bé. Guanyàvem els partits per golejada i em podia permetre el luxe de passar-me les segones parts llegint les obres completes d'en Martí i Pol traduïdes a l'hebreu. Allò era glòria. Anàvem pel camí de fer història, es notava; només calia una cosa: perseverar.

Pep Guardiola

La primera copa

La Copa del Rei

La suerte de no saber qué es 'yegir' es que me ha hecho ganar más tiempo para dedicarme al fútbol. ¿Viste? Por eso soy tan bueno.

Recuerdo el día de la final de la Copa del Rey. ¡Qué boludo! ¡Fue bárbaro!

Nos jugamos el primer título de la temporada contra el Athlétic de Bilbao en Valencia. En esos días no había problemas con el SGAE y el himno nacional sonó a todo volumen en Mestalla. No me preguntéis por la letra, ya que no pude escucharla a causa de los fuertes silbidos de ambas aficiones. Por lo tanto no puedo opinar si la letra del himno de España es digna de una canción de Bisbal o es más una letra al estilo de Georgie Dann, aunque me han llegado voces que dicen que es más Harpo Marx.

Ese día teníamos muchas bajas en el equipo. Concretamente, Amparo, Carmen y Patricia, que nos sirven el cátering en Barcelona y que no miden más de metro cincuenta. ¡Si es que no es que sean bajas, son profundas! Son más bajas que yo, y mira que a mí me llaman la pulga. Puyol, entre risas, me comentó que eran de la Comarca como los hóbbits. Pero no me especificó de qué comarca, si de Osona, del Baix Empordà o del Vallès Oriental. De la Terra Alta no eran, fijo. Vinieron a ver el partido invitadas por el club. El club La Divorciada Alegre, de donde son socias de honor. Sí, porque el Barça no tenía entradas suficientes para ellas ya que las repartió a amigos de los directivos.

El partido empezó mal para nuestros intereses. A los pocos minutos el Bilbao nos marcó a la salida de un córner. Por suerte, pudimos remontar con un golazo de Touré, uno mío, otro de Bojan y uno de falta directa de Xavi. Al final 4 a 1 y el primer título de la temporada al saco. ¿Viste?

Nos pusimos todos una zamarra donde se leía "Rei de Copes". El presidente Laporta no se la quiso poner porque él no va de copas, bebe directamente de la botella. O mejor dicho, se tira la botella de champán por encima. Le propusimos una que decía "Reina del Cava", pero no coló.

Fue un dia muy lindo, pero sólo era el inicio.

Leo Messi

La Lliga

I en van dues!

Lo dia que vam ser campions de Lliga no me'n vaig assabentar fins dues hores després. Era al cine amb la Queca. Vam anar a veure *Lo silenci dels anyells*. Val a dir que a la Queca no li va agradar gaire, es pensava que veuria pit i cuixa ovina, però no. Jo, en canvi, no puc opinar perquè després de demanar tres pots de crispetes dels grossos i menjar-me'ls durant els tràilers, quan va començar la pel·lícula ja estava roncant. Hosti, és que m'agafa son després de menjar, què voleu que us digui! Si fins i tot un dia, l'estiu passat, era a la platja, em vaig menjar les ungles i em vaig despertar que semblava un turista a Lloret de Mar. Estava més vermell que el cul d'un mandril. Vuit hores, vaig dormir a ple sol. Semblava lo puto teletubbie roig! Per on anava... ah sí. Un cop va acabar la pel·lícula, em va trucar lo Keite al mòbil. *"Tío, tío, que somos campeolones"*, va dir com si fos l'Amunike. No sabia de què em parlava perquè quan m'acabo de despertar vaig mig zombie, i de primer em vaig pensar que ho deia pel concurs d'hortalisses de la Pobla, on vaig presentar-hi un cogombre de 12 quilos que em va sortir al tros. El secret és que per l'adob faig servir... ehem... meva i de la Queca. Ja m'enteneu...

Però després em va dir: *"El Madrid ha perdido, el Madrid ha perdido"*. Perquè quan una cosa és important sempre es repeteix dos cops. *"Hem guanyat! Hem guanyat!"*, *"Sóc ric! Sóc ric!"*, *"On és el lavabo? On és el lavabo?"*, sempre s'ha de repetir dues vegades. En fi... Resulta que lo puto Madrid havia perdut al camp del Vila-real i això ens feia ser campions matemàticament.

Ja teníem la segona!!!

Carles Puyol

El gol al Chelsea

La verdad es que soy hombre de pocas palabras: perro, casa, coche... y tres o cuatro más. Por eso ya que me han propuesto escribir en este extenso prólogo-resumen, no me voy a alargar. Más que nada porque si me alargo podría medir más de dos metros y me pasarían a la sección de baloncesto a codearme por un puesto en el quinteto titular con Boniface N'Dong. Esto vendría a ser un chiste. Sí, sigo cultivando mi faceta humorística.

La verdad es que el partido de semifinal de Champions en Standford Bridge se acababa. Estábamos eliminados. Según iba el partido teníamos el tiempo justo para una nueva ocasión de gol. Era meterla sí o sí. Eto'o recogió una pelota que cedió a Messi. Leo no tenía posibilidad de disparo y en un acto de generosidad me pasó el balón. No lo dudé ni un segundo y le pegué con todas mis fuerzas. Al balón, no a Messi. Recuerdo que era un partido de fútbol, no un combate de Pressing Catch. No me veo con mallas marcando musculitos saltando por encima de las cuerdas de un ring. Quise rezar un padrenuestro para que el balón entrara, pero sólo pude decir "Padr..." porque no me dio tiempo a más. El balón se coló como un obús por la escuadra de Peter Cech. ¡Golazo! En mi vida me había quitado la camiseta tan rápido, ni cuando mi novia me dijo que... bueno... dejémoslo. ¡Cómo lo celebré! ¡Y cómo lo celebró toda la afición azulgrana! Se ve que hasta ha habido un *baby boom*. Si es que gracias al Barça la natalidad del país va a subir tanto que Dios tendrá que crear un dúplex para el planeta Tierra para que quepamos todos.

Seguíamos vivos y la final de Roma nos esperaba.

Andrés Iniesta

La conquesta de Roma i el triplet al sac!

Ser guapo és... és... és guapo, però ser campió d'Europa encara ho és més. Però ser guapo i ser campió d'Europa és... és... és encara més guapo. I jo que sóc guapo i campió d'Europa, sóc... sóc... Què sóc? Bé, sóc l'hòstia en patinet! Hahahaha...

Aprofito ara que he tancat la finestra i no sento els crits de les 8.000 nenes que tinc cada dia fora al carrer llançant-me floretes, tirant-me petons i regalant-me calcetes i sostenidors (com si jo n'utilitzés! Què s'han pensat?) per escriure aquest text recordant la consecució de la Champions.

Recordo que Roma era totalment blaugrana, els aficionats del Manchester no es veien ni pel carrer. El dia abans del partit, després d'entrenar al Coliseu romà fent un rondo amb quatre lleons, utilitzant les xarxes dels gladiadors per improvisar dues porteries i saludant el Laporta que menjava raïm a la llotja amb el cant d'"Ave Jan, els que anem a entrenar et saluden", vam anar a fer turisme per la capital d'Itàlia.

La Fontana de Trevi era preciosa. Diu la tradició que t'has de girar d'esquena a la font i has de tirar una moneda dins l'aigua mentre penses un desig. Com que no portava *suelto* vaig tirar-hi un xec en blanc. De moment no l'ha cobrat ningú, que no sigui per això que no se m'ha complert el desig! A l'Iniesta sí que se li va complir. Era ser campions d'Europa, per descomptat.

És clar, ara segur que us esteu preguntant per què no vaig demanar-ho jo també, oi? Fàcil, com que la meva bellesa no eclipsa la meva intel·ligència, vaig arribar a la conclusió que amb tant culer que hi havia per allà tots demanarien el mateix. No feia falta insistir tant!!! Ho veieu? Campions!!!

La visita al Vaticà no la vam fer perquè ens van dir que normalment sortia un senyor de blanc a un balcó a explicar qui sap què. Un senyor de blanc? Segur que era un fanàtic del Reial Madrid. A explicar qui sap què? Segur que a parlar del Villarato! Fora, fora... res de visites al Vaticà. Sempre volent protagonisme, el Reial Madrid. Aquell dia els protagonistes érem els finalistes: el Manchester i nosaltres, el Barça.

Un cop al vestidor, abans del partit, en Guardiola ens va dir que ens motivaria amb un vídeo. Vam demanar si podíem escollir nosaltres la pel·li. El Xavi volia posar *El Vicari d'Olot*, l'Eto'o *Memorias de África*, el Valdés una del Chuck Norris i jo volia *El Fontanero, su mujer y otras cosas de meter*. Al final la va triar el mateix Pep. Era una de gladiadors, però els protagonistes érem nosaltres. Sí, sí... amb una mica de sort encara guanyaré un Oscar al millor actor!

El partit no va tenir color, vam passar per sobre el Manchester tocant la pilota i sent fidels al nostre estil. L'Eto'o i el Messi van ser els golejadors i el Cristiano Ronaldo, o sigui, el segon home més guapo al terreny de joc aquell dia, no va poder parar de plorar. Hahahaha. I a més, plorant, encara estava més lleig!

Copa, Lliga i Champions, acabàvem de fer el triplet!!!

Gerard Piqué

Empezamos la temporada con otro título:

La Supercopa de España

¡Bip, bip! Estoy convencido que acabaré de escribir esto en menos de un minuto. Soy igual de rápido subiendo por la banda que tecleando en el ordenador. ¡Bip, bip! ¿Véis? No os habéis dado cuenta y he tenido tiempo de ir a la cocina a hacerme un café con leche y continuar escribiendo. ¡Y eso que estoy en medio de un entrenamiento! Aquí tampoco están notando que estoy escribiendo mientras entreno. Es lo que tiene ser veloz. ¡Bip, bip! No os habéis dado cuenta pero se me ha caído el café en el teclado y vengo de coger un trapo para limpiarlo.

Empieza la temporada y una nueva copa está en juego. ¡Bip, bip! Ya estoy aquí otra vez, tenía que chutar una falta en el partidillo del entreno. Nuestro rival volvía a ser el Athlétic de Bilbao, como en la final de la Copa del Rey. Esta vez, era a doble partido, primero en San Mamés y luego en nuestro estadio. ¡Bip, bip! Vengo de hacer pipí.

En el partido de ida, volvió a ocurrir como en la Copa del Rey, ellos se pusieron por delante en el marcador. Un segundo tiempo fantástico nos hizo remontar. 1 a 2 con goles de Xavi y de un chaval que empezará la temporada como un tiro, Pedrito. Ahora ya, Don Pedro. ¡Bip, bip! No me acordé de bajar la tapa. Ya está.

El partido de vuelta no tuvo nada de historia, dos goles de Messi y uno de Bojan dejaron patitiesos a los bilbaínos. ¡Bip, bip! Perdonad, acabo de despejar un centro por la derecha. No se ha notado, ¿verdad? Pues eso, la Supercopa de España se añade a los tres trofeos de la temporada anterior. ¡Bip, bip! Acabo de hacer la maratón de Nueva York.

4 títulos y seguimos para bingo.

Dani Alves

El Superpedro de Europa... digo...
la Supercopa de Europa

Bueno, yo al ser canario y vivir una hora más tarde, ya sé qué pasará gracias a mis *flashforwards*. Es por eso que ya sé lo que está escrito aquí sin tener que escribirlo. Pero por deferencia a vosotros os lo voy a escribir.
La final de la Supercopa de Europa se jugó en Mónaco, pero no en un casino, no. En un campo de fútbol. Ya es mala suerte, porque con mis *flashforwards* hubiera sabido todos los números de la ruleta y nos hubiéramos forrado.
Nuestro rival es más fácil de pronunciar que de escribir, el Shakhtar Donetsk. Vaya, que el día que Dios repartió nombres de clubs ellos llegaron últimos.
Lo que parecía un rival fácil y que ganaríamos en menos de lo que canta un gallo, resultó ser más complicado de lo normal. Seguramente el gallo de la frase hecha se durmió o estaba afónico ese día. Necesitamos de una prórroga para doblegar al equipo de un futuro compañero nuestro: Chigrinsky.
En el minuto 79 me despojé del chándal y me alzé del banquillo. Guardiola me lo recriminó: "*Pedrito, on vas?*". A lo que contesté: "*Míster, que he tenido un flashforward y tengo que sustituir a Zlatan ahora porque en la prórroga marcaré el gol de la victoria*". Guardiola flipó. "*El que em faltava, hi haurà pròrroga? Avui que havia quedat per anar al concert de Manel a Manresa! Fotré tard! Va, surt i a veure si tens raó!*".
¿Cómo no voy a tener razón? Minuto 118 de partido y un servidor marca el gol. Se empezaba a forjar mi leyenda, esta temporada podría marcar en todas las competiciones. Pero lo más importante es que ya teníamos otra copa, la quinta.
Por cierto, amigo lector, he tenido un *flashforward*, dentro de poco tendrás hambre e irás a comer. No sé... en menos de 24 horas seguro que ingieres algo. ¿A ver si tengo razón o no? Ya me dirás.

Pedro

I la 6!!!

El Mundial de Clubs

Sí, senyors, hem passat a la història com l'equip que ho ha guanyat tot en un any. Si és que ens presentem a la presidència de la Generalitat i guanyem! Ja em veig de conseller de salut. Sí, de salut perquè a vegades amb la pilota als peus a més d'un li agafa un infart. Hahahaha... Però això passa amb tots els porters del món, no és exclusiu meu.

Ens vam desplaçar a Abu Dhabi. Allà ens vam trobar amb tots els altres clubs campions dels seus respectius continents. Fotia una calor de mil dimonis, i jo que sóc porter, doncs amb guants. Quins pebrots!

El Mundial de Clubs, abans anomenat Copa Intercontinental, era l'única copa que ens faltava al Museu del Barça. Mai a la història s'havia pogut aconseguir. Això era una responsabilitat, però si voleu que us digui la veritat, jo estava més nerviós per no fer malbé res de l'hotel que per la competició en si. Quin tros d'hotel! Quin luxe!

Hi havia unes aixetes daurades que tu poses les mans i l'aigua raja sola. Al·lucinant. Això pot semblar una meravella, però no ho és. Em va trucar la meva nòvia mentre m'estava afaitant, i ja sabeu com són les converses pel mòbil amb la nòvia, et poses tonto, dius tonteries, t'asseus a la pica distret i... et mulles el cul. Coi d'aixetes!!!

En fi, que vaig haver de fer l'escalfament abans del primer partit amb el barnús que vaig robar de l'habitació. El primer partit va ser contra l'Atlante i va ser molt curiós perquè ells tenien un jugador que es deia Rafa Márquez i nosaltres també. Vaja, que quan volia cridar el nostre em contestava el seu i al revés. Per uns moments vaig creure que estava boig, vaig haver de canviar l'aplegapilotes de darrere la meva porteria pel meu psicòleg perquè m'animés.

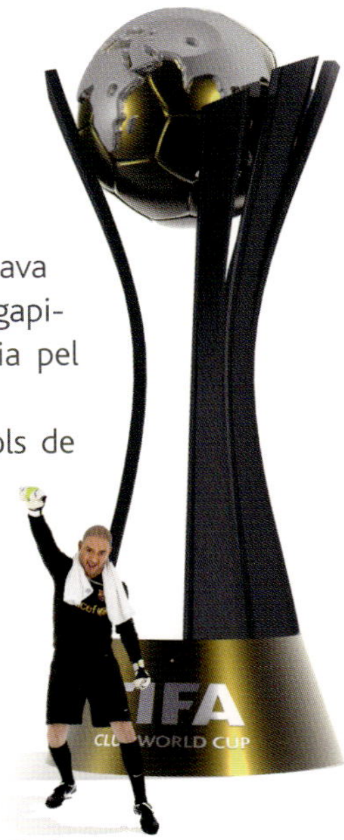

Vam guanyar per 1 a 3, amb gols de Busquets, Messi i Pedro. Sí, sí, Pedro, ho heu llegit bé. Ho va aconseguir. Acabava de marcar a totes les competicions. I el gol que ens van marcar ells és perquè jo encara flipava amb allò de veure dos Rafa Márquez. Em van enxampar en calces... vaja, en barnús per ser exactes.

La final va tornar a ser més complicada del que pensàvem. Qui ho havia de dir que aniríem a la pròrroga! Les coses van començar malament. Estudiantes de la Plata, el nostre rival, va marcar primer. Com ens podien haver marcat un gol uns estudiants? Lògicament perquè tenen més estudis que nosaltres que només ens dediquem al futbol. Apa, torna a canviar l'aplegapilotes de darrere la porteria i torna a posar-hi el meu psicòleg...

Semblava que això no ho remuntaríem, però ves per on, al minut 89, quan només faltava un minut i el descompte, va aparèixer el de sempre: Pedro.

Pedro, Pedrito, Pedro. Golet i cap al temps extra.

A la pròrroga es veia venir que teníem les de guanyar. Ells no s'aguantaven drets, pobrets. I Messi va rematar amb el cor, amb l'escut del Barça, una centrada d'Alves. La història ens obria les portes. S'obrien soles, com les aixetes del coi d'hotel de luxe.

Víctor Valdés

La màgia
del Pep Team

¡Al loro! Ja ho vaig dir jo que "*no estamos tan mal*" i realment no ho estàvem. 6 copes de 6 competicions. Es pot demanar més?
Doncs sí. Passejar-se pel Bernabéu en un 2 a 6 espectacular. Encara estic afònic de cantar tants gols! Henry gol! Puyol gool! Messi goool! Henry gooool! Messi goooool! Piqué gooooool!
Per a aquells culers que, com jo, quan perd el Barça no sopen, aquesta temporada ha estat magnífica, m'he posat com un bacó. Si és que amb aquest equip és impossible fer règim! Si miro unes fotos del Barça de l'època del Núñez i el Gaspart i estic fet un secall!!!
Tota aquesta eufòria, aquesta alegria, aquest orgull de ser culer, ha estat possible gràcies al Pep, a l'equip, a la directiva i sobretot als socis i simpatitzants blaugranes. Per això vull brindar amb tots vosaltres per aquesta temporada.
Alceu tots les ampolles de xampany i brindeu amb mi.

"Per un Barça triomfant,
per un equip ple de copes,
per haver-les guanyat totes:
ruixem-nos amb xampany!"

Apa, tireu-vos el xampany pel cap i força Crackòvia!!! Esperem que gaudiu d'aquest llibre que teniu a les mans.
Bé, de fet, ja deveu anar per la meitat, perquè aquest pròleg és més llarg que tres volums de l'Enciclopèdia Catalana. Salut!!!

Joan Laporta

Coooopa Lliiga... Champions!!!

LES CANÇONS DEL TRIPLET I DEL SEXTET

Hi ha moltes maneres d'endevinar el futur: el pèndol, el Tarot, el tarat (que és un senyor que tira les cartes i no està gaire bé del cap), les restes a les tasses del cafè... Però enguany qui ha fet de Nostradamus del segle XXI ha estat el Crackòvia. *La cançó del Triplet* ha revolucionat les arts màgiques de les prediccions, tot i que Iker Jiménez a hores d'ara no ho vulgui reconèixer i sempre canviï de tema quan n'hi parlen.

-Iker, què en penses de la màgica cançó del Crackòvia?
-¡Puah! Una patraña. Más mágicas e interesantes son las caras de Bélmez.
-Però home, si ha estat una premonició! Deixa estar ja les cares de Bélmez i reconeix que això ha estat un autèntic misteri!

Vulgui o no vulgui acceptar-ho, la tornada "Copa, Lliga i Champions" va ser el presagi que l'equip de Pep Guardiola aconseguiria els tres títols, i per aquest mateix ordre.

Una a una van anar caient la Copa a València, la Lliga a Vila-real amb la derrota del Madrid i la Champions a Roma davant del Manchester, fent que la cançó quedés plenament vigent un cop finalitzades les tres competicions.

Al ritme del *We will Rock you* de Queen, durant molts mesos s'ha pogut sentir aquest cant:

LA CANÇÓ DEL TRIPLET

Copa, Lliga i Champions
Copa, Lliga i Champions

Oi quina passada,
tres d'una tacada,
una temporada per emmarcar
Títols culers?
Un, dos, tres
Potser no torna a passar mai més

Copa, Lliga i Champions
Copa, Lliga i Champions

Tengo tres de todo,
coche, casa y rollo
y los tríos se me dan muy bien
¡igual que a mí!
¿Qué es 'llegir'?
¡Salta a la vista que estoy muy feliz!

Copa, Lliga i Champions
Copa, Lliga i Champions

I qui se'n recorda, ara,
de tot l'any passat
i els problemes del president?
Títols culers?
Un, dos, tres
i en Laporta 'responde otra vez'

Copa, Lliga i Champions
Copa, Lliga i Champions

¡Que no estamos tan mal!

Copa, Lliga i Champions

Tot està per fer i tot és possible

Copa, Lliga i Champions

Tot i que no ha quedat obsoleta, al Barça se li han fet petites les vitrines del museu un cop aconseguits 3 títols més que estaven en joc: Supercopa d'Espanya, Supercopa d'Europa i el Mundial de Clubs.

-¿Y ahora qué? ¿También lo decía eso la canción del Crackòvia?

-No, m'ho va dir per sms una cara de Bélmez, dropo!

-Vaya...

En aquest cas no hi havia premonició musical, tots crèiem en el Barça. Per això no és sobrer dedicar-li una cançó per complementar l'anterior.

Agafem el mateix ritme d'abans, però ara hi posem 3 copes més!

(Però xsshhhttt!!!, que no se n'assabenti la policia, no sigui que ens facin bufar amb tantes copes a sobre).

LA CANÇÓ DEL SEXTET

Cridem Força Barça!
Cridem Força Barça!

Després de fer història
hem tocat la glòria
i ara tenim 3 títols més
Ho haveu vist?
Quatre, cinc, sis
Sense despentinar-nos i en un plis

Cridem Força Barça!
Cridem Força Barça!

Les dues supercopes
un mundial de clubs
i al Bernabéu van quedar muts
Ho haveu vist?
Quatre, cinc, sis
Hem tocat el cel, tots, amb els dits

Cridem Força Barça!
Cridem Força Barça!

No hi ha prou vitrines
a dins del museu
ens vendrem les copes a molt bon preu
Qui les vol?
N'hi ha un fotimer
Potser ho repetim l'any que ve

Cridem Força Barça!
Cridem Força Barça!

Mai ningú ha fet res igual!

Cridem Força Barça!

I el 2-6 no està tan mal!

Cridem Força Barça!

“Bueno, yo ya hablo catalán”

Guasch & Go

per Quique Guasch

L'entrevista

Johan Cruyff se sincera amb nosaltres i ens parla de la seva tasca com a seleccionador català.

Són les 9 del matí d'un diumenge qualsevol. Després de passar-me la nit adormit en una màquina de raigs UVA, em desperto, em vesteixo, em pentino el bigoti i vaig cap a un famós camp de golf on he quedat amb el flamant seleccionador català de futbol. Allà el tenim per esmorzar prenent una tassa de xocolata desfeta i una tapa de musclos. Em rep amb molta cortesia i comença l'entrevista.

QUIQUE GUASCH: Molt bon dia, Johan.

JOHAN CRUYFF: Bueno sí claro, buenos días en un momento dado.

Q.G.: Com li va amb la seva nova tasca?

J.C.: Pah! Me parece que te confundes, yo no tengo una tasca, soy entrenador de la selección catalana de fútbol. Si tuviera una tasca, estaría sirviendo platos, tapas, cañas... Por cierto, ¿quieres un mejillón con chocolate?

Q.G.: No, gràcies. De fet em refereixo a la seva feina com a seleccionador català.

J.C.: Sí claro, muy bien. Trabajo una vez al año, como los reyes vagos de Oriente, y no cobro nada.

Q.G.: És un hobby?

J.C.: No, soy un elfo, ¡no te jode! Soy una persona normal. Metro setenta y algo, delgado, dos ojos, una boco, un nariz... ¿No me ves?

Q.G.: No, que dic si és un hobby, si ho fa per oci això d'entrenar la selecció catalana?

J.C.: Bueno clarisísimamente, sí. Me lo propusieron y automáticamente aquí estoy.

Q.G.: Sembla que molta gent li dóna suport pel que ha estat com a futbolista i entrenador, però també va haver-hi unes dosis de polèmica. Creien que un entrenador de la selecció catalana havia de ser català, o si més no parlar català...

J.C.: Bueno, yo ya hablo catalán.

Q.G.: Ah sí?

J.C.: Sí.

Q.G.: A veure, digui alguna cosa.

J.C.: Ya te lo he dicho. Sí. Este "sí" era en catalán. ¿No lo has oído?

Ens mirem els ulls dos segons i riem. No entenc res.

Q.G.: El seu primer partit, contra la potent Argentina, va acabar amb la contundent victòria catalana per 4 a 2. Com va viure aquest partit?

J.C.: Respirando, si no hubiera respirado, automáticamente no lo hubiera vivido. Sí, claro. Es una cosa que me enseñaron de pequeña.

Q.G.: Però com va viure els instants previs?

J.C.: Bueno, espere que piense... Respirando también. Sí, sí.

Q.G.: Ja. Però, com va triar els jugadors?

J.C.: Bueno, primiero quería traer a Jordi Cruyff, pero se ve que ya se ha retirado. No lo sabía, porque tendría que estar jugando hasta los 67 años. Lo dice el ministra Corbacho. Luego pregunté por Angoy y Sánchez Jara y lo mismo. Al final, tuve que preguntárselo a Charlie.

Q.G.: A Charlie Rexach?

J.C.: No, al de los Ángeles de Charlie. Se ve que él conoce a todos los malos del planeto Tierra. Sus ángeles combaten contra ellos. Por lo tanto, él sabía los jugadores malos de fútbol

catalán, era descartarlos y quedarme con los buenos. Así de sencilio.

Q.G.: Com sempre, la seva lògica és aclaparadora.

J.C.: Automáticamente esto es uno.

Q.G.: Un pronòstic per al proper partit de la selecció catalana?

J.C.: Mil a cero en la tanda de penaltis.

Q.G.: Voldria dir que és impossible però amb vostè res és impossible. Moltes gràcies, Johan.

J.C.: ¿Seguro que no quiere mojar un mejillón en mi taza de chocolato?

Q.G.: No, prefereixo tirar-me la tassa per la cara per semblar més moreno, però ja m'ho faré a casa.

Marxo una mica despistat per les respostes del Johan i perquè sense prendre res m'ha enredat perquè fos jo qui li pagués l'esmorzar.

Quique Guasch

IMITA'M

Imita...
CARLES PUYOL

IMITA'M IMITA'M

CLAUS PER A LA IMITACIÓ ORAL:

1 **Canviar algunes 'a' per 'e' en les paraules de les seves frases, així com fer 'e' tancada en comptes de 'e' oberta segons sigui el cas.**

Exemple: *La casa* → *La case*

Però si ho trobeu massa complicat, canvieu totes les 'a' per 'e' i a cagar a la via.

Exemple: *El Papa de Roma* → *El Pepe de Rome*
Patata → *Petete*

2 **Canviar l'article masculí 'el' per 'lo'.**

Exemple: *El Guardiola* → *Lo Guardiola*
El Pera (JOAN) → *Lo Pera (MANUEL RUIZ)*

Però si ho trobeu massa complicat, canvieu tots els articles (el, la, un, una...), siguin quins siguin, per 'lo'.

Exemple: *La Lola* → *Lo Lolo*
La Lola va lila → *Lo lolo ve lilo*
Clar i català → *Clor i queteló*

3 **Totes les 'o' neutres, que s'haurien de pronunciar 'u', es pronunciaran com una 'o' tancada.**

Exemple: *Estren[u] botes* → *Estreno botes*

Però si ho trobeu massa complicat, canvieu totes les 'u' i les 'o' obertes per 'o' tancades i s'ha acabat!

Exemple: *Toca'm el cul* → *Toque'm lo col*
Sóc rus → *Sóc ros*

IMITA'M

4 Comparar algú amb algú altre afegint l'adjectiu 'puto'

Exemple: *Anieste, ets lo puto gusiluz*

Però si ho trobeu massa complicat, afegiu 'puto' davant de cada paraula i acabarem abans. Ah! I en aquest cas la 'u' està prohibit convertir-la en 'o'.

Exemple: *Puto Snieste puto ets puto lo puto gusiluz*

5

Parlar de coses molt bèsties que ha fet com si fos el més normal del món.

6

Utilitzar terminologia d'agricultura i ramaderia.

CLAUS PER A LA IMITACIÓ FÍSICA

- ✔ Posa't una samarreta del Barça o, en el seu defecte, pinta'n una de blanca amb retoladors, ceres o pintallavis blaus i granes.
- ✔ Vés a la cuina, busca una escarola i te la poses al cap. D'aquesta manera tindràs les grenyes arrissades d'en Puyol, un dels trets més característics del defensa català.
- ✔ Treu pit i no t'arronsis mai per res. La por no existeix.

IMITA'M IMITA'M

PRÀCTICA

***Llegeix aquest text tenint en compte les indicacions d'abans; pensa en les 'e' i les 'o'!**

GUARDIOLA:
Aquesta és una trucada de control per saber si ets a casa. Hi ets?

PUYOL:
On vols que sigui a aquestes hores? Que no veus que demà m'haig de llevar a quarts de cinc per llaurar lo tros i fumigar els ametllers abans d'anar a l'entreno?

GUARDIOLA:
D'acord, d'acord... i ja et poses a dormir, oi?

PUYOL:
Sí, m'he pres un got de llet i ara em vaig a fotre una cuixeta de xai abans d'anar a dormir.

EXERCICI

***Crea i escriu amb llapis el teu propi gag d'en Puyol. Un cop acabat compara'l amb el d'algun amic que tingui el llibre i decidiu quin és millor. Si perds... canvia'l. Et posem en situació:**

AL VESTIDOR DEL BARÇA, ABANS D'UN PARTIT, ANDRÉS INIESTA DEMANA CONSELL A PUYOL, QUE ESTÀ ESQUILANT LA QUECA PER RELAXAR-SE.

INIESTA:
Oye, Puyi, si hoy marco un gol, ¿a quién se lo podría dedicar?

PUYOL:

....

....

INIESTA:
¿Por qué?

PUYOL:

....

....

....

INIESTA:
Ya... Pero la verdad es que si me pongo una camisa debajo de la del Barça, ¿qué escribo para poderla enseñar?

PUYOL:

....

....

....

....

FCBARCELONA
since 1899

TEST

Podries guanyar-te la vida com a tertulià de l'Espanyol en programes de televisió?

De periquitos il·lustres n'hi ha molts, però sempre criden els mateixos per anar a fer tertúlies sobre aquest equip de futbol: Carles Canut, Manel Lucas, Gemma Mengual, Sergi Mas, Manel Lucas, Alberto Fernández Díaz, David Balaguer, Ferran Martorell, Manel Lucas... ah, i el Manel Lucas, que no sé si l'havia dit.

Si saps per què a la pel·lícula *Braveheart* en William Wallace (Mel Gibson) anava pintat amb els colors de l'Espanyol o per què l'Obèlix els portava als pantalons, tu pots ser tertulià televisiu perico! Però el més fort és que si no ho saps, també!!!

Mesura, tot fent aquest test, què saps del RCD Espanyol.

(El teu resultat dependrà de si el nombre de preguntes contestades són majoria A B C o D. En cas d'empat, la resposta a la primera pregunta serà la que decantarà la balança).

1) Com és la vestimenta del RCD Espanyol?

a) Però no eren nudistes?
b) Blaugrana.
c) D'Ágatha Ruiz de la Prada.
d) Blanc i blava.

2) Qui entrenava l'Espanyol abans de Pochettino?

a) Eva Nasarre?
b) Frank Rijkaard.
c) 'Paquirrín' Márquez.
d) Mané.

3) Qui és l'actual porter camerunès de l'Espanyol?

a) El mateix de la discoteca de la cantonada de casa?
b) Víctor Valdés.
c) Karmele.
d) Kameni.

4) Amb quin sobrenom d'animal es coneixen?

(No tens excusa, en el text introductori en fem esment.)

a) Mel Gibson?
b) Garsa.
c) El tigre Currupipi.
d) Periquito.

5) On està situat el nou estadi estrenat l'any 2009?

a) En un camp de futbol?
b) A Barcelona.
c) A Tele5 i és conegut amb el nom de *Sálvame*.
d) A Cornellà – El Prat.

6-) Quina frase atribuiries al seu president?

a) "E=mc^2"?
b) *"¡Al loro! ¡Que no estamos tan mal!"*
c) *"Andreíta cómete el pollo"*
d) "Jo no diré que... però..."

7) Contra qui va guanyar la seva última Copa del Rei l'any 2006?

a) Contra ells mateixos?
b) Athlètic de Bilbao.
c) Jugant a *'hockey sobre Patiños'* amb el Mariñas F.C.
d) Saragossa.

8) On va pujar Pochettino per demanar ajuda a la Moreneta per a la salvació del seu equip?

a) Al cinquè pis d'uns grans magatzems?
b) Enlloc.
c) A la finca Ambiciones del Jesulín.
d) A Montserrat.

9) Quina és la primera frase de l'himne del club presentat el 14 de novembre de 1999 a l'Estadi Olímpic amb motiu del centenari?

a) *La Ramona pechugona es la más gorda de mi pueblo?*
b) Tot el camp és un clam.
c) *Gibraltar, Gibraltar... soy un tsunami.*
d) Espanyol, nostre crit, Espanyol, surt del pit.

10) A qui es refereix Daniel Sánchez Llibre quan diu "l'altre club de la ciutat"?

a) Al Bailén 22?
b) A l'Espanyol.
c) Al DEC.
d) Al Barça.

Resultats

TEST ESPANYOL

Majoria de respostes A:

Per què tot ho contestes amb preguntes? No veus que és de mala educació contestar només amb preguntes? No saps que queda poc intel·ligent que només facis preguntes? No entens que et poden prendre per un ignorant si fas preguntes? Doncs, per què no pares de fer preguntes? No veus que és impossible que et contractin com a tertulià si només fas preguntes?
Pararàs ja de fer preguntes?
Com pot haver-hi gent tan inepta que només parli fent preguntes?

Majoria de respostes B:

És clar que podries ser tertulià de l'Espanyol, però sempre que la franja blanca de la samarreta perica fos de color grana i en comptes de RCD Espanyol es diguessin FC Barcelona.
Tens el que en idioma crackovià se'n diu 'dislèxia futbolística' i en l'argot mèdic 'trastorn obsessiu culer'. Respires barcelonisme pertot arreu encara que no n'hi hagi.
Ruixa't amb xampany francès a veure si et desvetlles! *¡Al loro!*

Majoria de respostes C:

No és que visquis amb l'Espanyol al cor, és que vius pel cor espanyol, que és una cosa totalment diferent. Potser va sent hora que t'expliquin que el *Lecturas* i el *¿Qué me dices?* no són diaris esportius, que l'entrenador de l'Espanyol es diu Pochettino i no 'Pantojito', i que el davanter de Banyoles de l'equip no és el Coto, és el Coro. Això entre d'altres coses: una falta no és quan la Belén Esteban creu que està prenyada, un penal no és de la manera que es va casar la Campanario...

Majoria de respostes D:

Ja pots ser el profeta que tot espanyolista necessita. Potser ni tu mateix ho sabies, que eres de l'Espanyol, però tot indica que has nascut per ser periquito. Emprèn el vol i proclama als quatre vents les virtuts d'aquest gran club! Ja pots anar a la tele a fer de tertulià i fer aquelles porres de: Barça 0 Espanyol 10, Reial Madrid 0 Espanyol 15, etc., perquè si tu ho dius, per alguna cosa serà! Tu ets l'expert! Felicitats!
Podries arribar a ser president del club, però com que el Dani diu que plega i no ho fa mai, no crec que ho siguis fins al 2070.

EL LLENGUATGE DEL FUTBOL

Ei, hola amics, me fa molta il·lu escriure-us quatre ratlles en aquest llibre per dir-vos *lo* important que són els idiomes a l'hora de ser un futbolista d'elit. Com un servidor, *vamos*.

Aquí van les quatre ratlles:

És broma, *pringaos*! No em referia en un sentit literal. Hahahaha!

Se me va la gamba que tumba. No, en realitat volia dir que us escriuré un petit text perquè sapigueu el llenguatge que heu d'utilitzar en alguns camps de futbol de regional o en aquells camps tan pobres que en comptes de fer les línies amb guix les fan amb la caspa de l'*utiller*!

Ja sabeu que el futbol base sempre comença al col·le, a la barriada o al poble. Jo vaig aprendre'n molt a Badia i això m'ha portat a entendre més el futbol, a anar a la Masia i acabar al primer equip.

Per tant, si voleu sortir-vos-en per aquests mons de Déu, heu de conèixer el lèxic que us trobareu i parlar amb propietat. Sempre heu de ser educats sigui en l'idioma que sigui, *vale tontakos*?

Aquí us deixo doncs aquestes quatre ratlles (ara seriosament, *pavos*) perquè aneu practicant.

Ànims i ens trobem al Barça, si no tardeu gaire a despuntar com a futbolistes.

Una abraçada!

Sergio Busquets
"Er Busi"

LLENGUATGE BÀSIC EN TERRENYS DE JOC POC PROFESSIONALS:

Vocabulari per parlar amb els companys d'equip durant un partit de futbol:

✔ **"Achanta la mui o pa keli fijo, que retumbas púas, nnnnnggggggggg"**

Estaria la mar de bé que callessis perquè amb tants improperis que dius l'àrbitre podria expulsar-te.

✔ **"Manoplas, métele chicha al subwoofer"**

Valdés (o el nom del teu porter), crida més que no et sento.

✔ **"Colegui, pega un troncho a la bol que la ponga tiesa, nnnnnggggggggg"**

Company, impacta a la pilota ben fort, perquè entri per l'escaire i facis un golàs impossible d'aturar.

Vocabulari per parlar amb els companys d'equip al vestidor abans o després d'un partit:

✔ **"Aaallllllllll nnnnggggggggg eeeehhh plasca!"**

Que feliç estic de veure't!

✔ **"Placa la pum o te retumbo el jeto ¿Valens?"**

Series tan amable de tancar la porta perquè no passi corrent d'aire?

✔ **"Ni pa'tras me tumbo no sea que me gampen el bullaraca. ¿Puedes, tron?"**

Si us plau, m'agafes la pastilla de sabó, que m'ha caigut?

Vocabulari a l'hora de protestar a l'àrbitre durant un partit de futbol:

- ✔ **"¡¡¡Nnnnggg que se ha achantao destranquis, pavo!!!"**

  Si us plau, com pot xiular fora de joc? Ha sortit en posició correcta.

- ✔ **"Eeeehh tron, no vayas de nasti que aquetepum aquetepam que lo flipas"**

  Àrbitre, em sap greu dir-li que s'ha equivocat, era córner claríssim.

- ✔ **"No me bordees que la he pimbao con el cabolo que me rifla salsa brava que no veas, nnnnggggg. No me seas plin que te troncho"**

  Disculpi, senyor col·legiat, però la veritat és que no ha estat mans, l'he tocat amb el cap i fins i tot m'he fet una petita ferida. Em faria la mercè de rectificar la seva decisió?

“Aquí en Madrid conducen todos como locos”

Guasch & Go

Per Quique Guasch

L'entrevista

Sergio Ramos, defensa del Madrid, em dedica uns intensos minuts per entrevistar-lo.

Passa a recollir-me en Sergio Ramos per l'aeroport. Em saluda dient que per què havia decidit desplaçar-me a Madrid en avió i no en vaixell. Li ric la broma. Em mira desafiant. No era cap broma, m'ho deia seriosament. Li explico que Madrid no té mar. Se n'estranya molt. Pujo al seu cotxe i em porta a fer una volta mentre li faig l'entrevista. Serà complicada, ha agafat la M-30 en sentit contrari.

QUIQUE GUASCH: Bon dia, Sergio.

SERGIO RAMOS: Buenos días, Quique. ¿Has visto cuántos coches en contra dirección? Si es que aquí en Madrid conducen todos como locos.

Decideixo fer l'entrevista amb els ulls tancats i agafant-me allà on puc.

Q.G.: Aquest any Florentino ha revolucionat l'equip. Kaká, Benzema, Cristiano Ronaldo... ja convergeixen bé tants cracks al vestidor?

S.R.: En el vestuario sí porque cada uno tiene una taquilla para él; en el campo ya es más difícil porque sólo hay una pelota para todos.

Jajajaja. Bueno, hay más, pero las tienen los recogepelotas.

¡Pero no son de su propiedad, eh! Las tienen que devolver una vez acaba el partido. Eh, y no estoy diciendo que no tengan pelotas de su propiedad, los recogepelotas. Las deben de tener pero en sus casas, que se las habrán traído los Reyes Magos. O regalado por su cumpleaños. O a lo mejor se las han comprado ellos. O... bueno... da igual. Dime, dime, ¿qué me preguntabas sobre los recogepelotas?

Q.G.: No, dels aplegapilotes res.

S.R.: ¿Eh? Sí, claro. Pues los recogepelotas son muy espavilados porque si ganamos dan la pelota rápido y si perdemos se demoran. ¿O era al revés? Bueno, es un truco que se hace en todos los campos de fútbol. Pero vale ya de preguntarme sobre los recogepelotas, ¿de ver-

dad no quieres saber nada de Cristiano, Kaká, Florentino...?

Hem fet estampar un camió de gallines contra una tanca. Tots els cotxes segueixen tocant el clàxon quan ens veuen de cara. A Sergio Ramos no sembla importar-li. Tinc més por que Ernesto de Hannover en una reunió d'alcohòlics anònims.

S.R.: ¡Animal! ¡A ver si miramos por dónde vamos!

Ramos increpa un dels molts cotxes que vénen de cara. Una gallina ens impacta al parabrisa.

Q.G.: La veritat és que no vull saber res dels aplegapilotes. Vull saber la situació del Reial Madrid.

S.R.: ¿Eh? ¡Ah, la situación! Pues se sitúan dos detrás de la portería y unos tres más en cada lateral del campo. Nunca se sabe por dónde se va a perder el balón.

Q.G.: No em referia als fotuts aplegapilotes!!!

S.R.: Qué manía que tiene con los recogepelotas, ¿no era más fácil entrevistarlos a ellos en vez de a mí?

Q.G.: Bufff... Parli'm de Florentino i els seus diners. Com són les primes aquest any?

S.R.: ¿Las primas? ¿Las primas de los recogepelotas? Muy majas. Está Carmen, que vive con sus padres porque se ha separado. Está también la Toñi, que ha tenido un churumbel. La Pepa, la Luisa...

Desisteixo i dic que em torni a portar a l'aeroport, que això era tot el que volia saber. Estic suant més que un porc en una sauna.

S.R.: Bueno, muchas gracias por venir a entrevistarme y no haberme hecho la entrevista en catalán, porque no hubiera pillado ni papa. Por cierto, ¿esto en qué cadena lo echan?

Em deixa a Barajas. No sé si el tarannà de les persones s'encomana com les malalties, però m'equivoco d'avió. Vaig a parar als Estats Units. Estic tres dies a l'aeroport passant tot tipus de controls.

Quique Guasch

IMITA'M

Imita...
Josep Lluís Núñez

IMITA'M IMITA'M

CLAUS PER A LA IMITACIÓ ORAL:

1 Adopta una actitud còmoda, amb un parlar tranquil, només altera el to de veu quan es tracti de temes econòmics.Ploraràs si és una despesa i faràs gemecs i esbufegaràs si són guanys.

Exemple:
(DESPESA) Joan, snnnifff snnifff… he anat a comprar un xiclet i m'ha costat un euro de les antigues pessetes… snifff snifff… això és gravíssim! Buà, buà, buà…

(GUANY)
Mmmnynyiiii… mira Joan, mmmnynyiiii veus com banyar-se a la Fontana de Trevi és millor que anar a la piscina municipal? És gratis i està plena de monedes! Mmmnnnyiiii.. bllll bllll… Eh? Eh? Eh? Bbbbllll…

2 Utilitzarem expressions com "Això és gravíssim!", "No ens ho podem permitir", o paraules com "Indeseables" o "Demissió'". També acabarem algunes frases acompanyant-les d'interrogacions com són "Eh? Eh? Eh?" o "No?".

3 En moments que estiguem molt engrescats parlant, deixarem anar paraules en castellà enmig de frases catalanes.

Exemple: *Mire, señor, li pago amb una moneda d'un cèntim y puede quedarse el cambio, Eh!? Eh? Eh?*

Però si ho trobeu massa complicat anar saltant d'un idioma a l'altre, podeu fer-ho tot en castellà directament

Exemple: *Creo que nos harán fuera.*
Uy, perdón, me sabe grave.

IMITA'M IMITA'M

4

A vegades canviem alguns noms propis, paraules en català o paraules en castellà, per mots que fonèticament s'hi puguin assemblar.

Exemple: *Winston Bogarde* → *Winston Cobarde*
Esguince de tobillo → *Skin Head de tobillo*
Té obesitat mòrbida → *Té obesitat morbosa*

Però si ho trobeu massa complicat sempre podeu tirar pel dret i canviar totes les paraules d'una oració encara que s'entengui menys que un jeroglífic en Braille.

Exemple: *Aquest filet de vedella està cru* → *Avet fillet ed mamella ska Cruyff*

CLAUS PER A LA IMITACIÓ FÍSICA

- ✔ Posa't una camisa amb corbata, uns pantalons i una americana que hi combini.
- ✔ Per semblar que ets baixet, col·loca unes sabates a terra. Ara posa't de genolls a sobre de les sabates per la part on posaries els peus. O sigui, la part frontal de cada sabata et sortirà per davant de cada genoll. Posa l'esquena recta i tapa't els peus, que et quedaran al darrere, amb un llençol o una manta. Apa, ja has rebaixat la teva alçada! (No et posis de perfil al públic o l'efecte no serà el mateix.)
- ✔ Quan parlis d'economia recorda gesticular molt amb la llengua i els ulls. Els ulls han d'anar cap allà on hi hagi alguna moneda o bitllet, i i has d'anar traient i amagant la llengua molt ràpid. També recorda que has de respirar per la boca agitadament, riure per dissimular i canviar de rictus de seguida, i moure les mans com si diguessis el vers de Nadal.
- ✔ Si has de comptar diners mentalment utilitza els dits de les mans, i recorda treure un mocador blanc per demanar la 'demissió' de qui sigui.

ATENCIÓ: Vigileu a imitar el Núñez, perquè és capaç de cobrar royalties i potser no ens ho podem permitir, no?

IMITA'M

PRÀCTICA

***Llegeix aquest text tenint en compte les indicacions d'abans!**

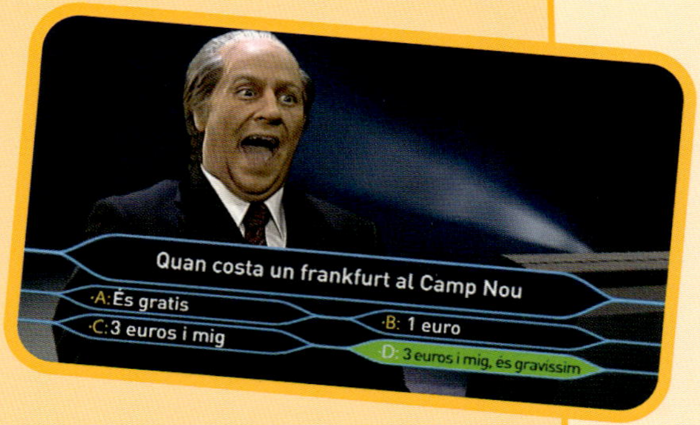

PRESENTADOR:
Primera pregunta per 30 euros. Quant costa un frankfurt al Camp Nou?
A: És gratis. B: 1 euro. C: 3 euros i mig.
D: 3 euros i mig, és gravíssim.

NÚÑEZ:
Aquesta la sé, eh? La 'D' de Laporta demissión.

PRESENTADOR:
La 'D', n'està segur? Marquem la 'D'. I la resposta és... correcta!!! 30 euros que ja són seus!

NÚÑEZ:
30 euros! Nyiiiii... és el dia més feliç de la meva vida.

PRESENTADOR:
Doncs esperi's, que en aquest joc no estem per ximpleries i juguem ara per 30 milions d'euros!!!

NÚÑEZ:
Nyiiiiiiii...

PRESENTADOR:
Sí, ho ha sentit bé. Preparat?

NÚÑEZ:
No, ho sento però me planto, eh? Escolti, que jo venia sense res i ara tinc 30 euros, eh? Ja sap el que diuen: "Más vale pájaro humano..."

EXERCICI

***Crea i escriu amb llapis el teu propi gag del Núñez. Un cop acabat compara'l amb el d'algun amic que tingui el llibre i decidiu quin és el millor. Si perds... canvia'l. Et posem en situació:**

A la grada d'un partit del Barça Josep Lluís Núñez menja un frankfurt al costat de Joan Gaspart.

GASPART:
Escolti, president, li recordo que a cada partit li estic pagant un frankfurt. Quan començarà a pagar-me els que em deu?

NÚÑEZ:

....

....

GASPART:
Sí, ja ho sé. Però....

NÚÑEZ:

....

....

....

GASPART:
D'acord, d'acord. Aquí té 30 euros!

NÚÑEZ:

....

....

....

....

adidas
com
bwin
LFP

APRÈN A lligar amb el GUTI

¡Ueah! Qué pasa, pavos, pavas, pibos, pibas y pubis. Pim, pam, pim, pam... jajajaja... ¡Ueah! A ver, plastas, llega el momento de salir a ligar con el tito Guti. Átate los machos que vamos pa allí.

Para poder triunfar debes saber que a las chicas, o a los chicos, se les debe entrar con frases bonitas, no como a los futbolistas, que se les entra con los tacos por delante. ¡Y más si son del Barça! ¡Ueah! Pim, pam, pim, pam piropos vienen, piropos van. Jajajaja.
Los piropos y las frases dulces y tiernas son la clave para el proceso de apareamiento, que no sé qué es pero lo he escuchado en los documentales de La2. A lo que me refiero es que sirven para la primera toma de contacto con la persona deseada. A lo mejor te ganas una bofetada, que eso sí que es una buena toma de contacto, nunca mejor dicho. ¡Ueah! A mí me funciona la mar de bien. Muchas veces he practicado antes de salir de fiesta en el vestuario con Sergio Ramos y hasta se me ha puesto tontito. Jajajaja...
En fin, que si eres un chico o una chica, o si eres un chico Chica, com el jugador del Espanyol, lo puedes utilizar con el género que quieras.
Os dejo con la lista de mis preferidos y espero que os funcionen. He obviado los guarros, que estos tienen mi copyright y no os lo cedo ni pagando. ¡Venga, a por el ganado! ¡Ueah!

LOS PIROPOS de GUTI

Estoy buscando dioses/as para una nueva religión y acabo de elegirte.

Quién fuera bizco para verte dos veces.

Estás más apretado/a que los tornillos de un submarino.

Eso sí es un culo y no lo que quita mi madre a los tomates.

¡Madre mía, tanta carne y yo en cuaresma!

Señora, le cambio a su hijo/a por un piano, así los dos tocamos alguna cosa.

Eso son carnes y no las que echa mi madre al cocido.

¿Crees en el amor a primera vista o tengo que volver a pasar por delante tuyo?

Podría sacarte de mi sucia lista de fantasías, si quisieras.

Bonito jersey, ¿puedo hablarte sin él?

Si fueras un bollycao te comería hasta el cromo

Perdí mi número de teléfono, ¿me das el tuyo?

¡Moreno/a! Necesitas señalización, que con tantas curvas uno se mata.

Estás tan bueno/a que te haría un traje de saliva.

Estás tan bueno/a que te comería con ropa y todo, aunque estuviera un mes cagando trapos.

Mañana te despierto, ¿cómo lo prefieres, con el codo o con el teléfono?

¿Te estudio o te trabajo?

Bonitos pantalones, quedarían muy bien en el suelo de mi dormitorio.

Hola, soy nuevo aquí, ¿me podrías decir dónde queda tu apartamento?

Chavalote/a, te haría más cosas que las que haría McGyver en Bricomanía.

Dime cómo te llamas y te pido para Reyes.

LOS PIROPOS de GUTI

Tu mamá debe de ser repostera, porque hace cada bomboncito...

Me gustaría ser baldosa, para poder verte la cosa.

Si amarte fuera trabajo, no existiría el desempleo.

Perdona, ¿no estás algo cansada? Porque estuviste dando vueltas por mi cabeza todo el día.

Yo no sé de electricidad, pero sé que tú no eres corriente.

Que Dios bendiga al ayuntamiento que puso el asfalto para que pase semejante monumento.

Si el amor es agua y el amor es fuego, cómo me gustaría ser tu bombero.

¡Cómo avanza la tecnología...! ...que hasta las flores caminan.

Quisiera ser mariachi para tocarte la cucaracha.

¿Qué? Molan, ¿no? ¡Ueah!

Hay gente que no cree en ellos, que les entran a los chatis y a las chatis con poemas. Está muy bien, pero son más cursis que un ataúd con pegatinas, macho. Cosas como:

Por ti iría al Ecuador
con bragas y sujetador.
Por ti iría al Polo Norte
en pantalones de deporte.

Si es que oye esto Antonio Gala y te pega con el bastón en toda la cocorota, macho. Así no se liga, por muy simpático que sea el poema.

Que duro es perder un amigo,
que duro es perder un amor,
pero más duro es perder la camisa
sin llevar debajo el sujetador.

¡Puah!
Por eso, reivindiquemos el piropo, que no sea de dominio exclusivo de los albañiles, que los otros mortales también tenemos derecho a ligar.

Pim, pam, pim, pam, piropos vienen, piropos van.

¡Ueah! Y si alguien se ofende y no quiere nada contigo después de uno de estos piropos, luego sí le puedes soltar un poema.

Si fuera Superman
te llevaría volando
pero como no lo soy
te jodes y te vas andando.

¡Hala! ¡Toma ya! ¡Ueah!

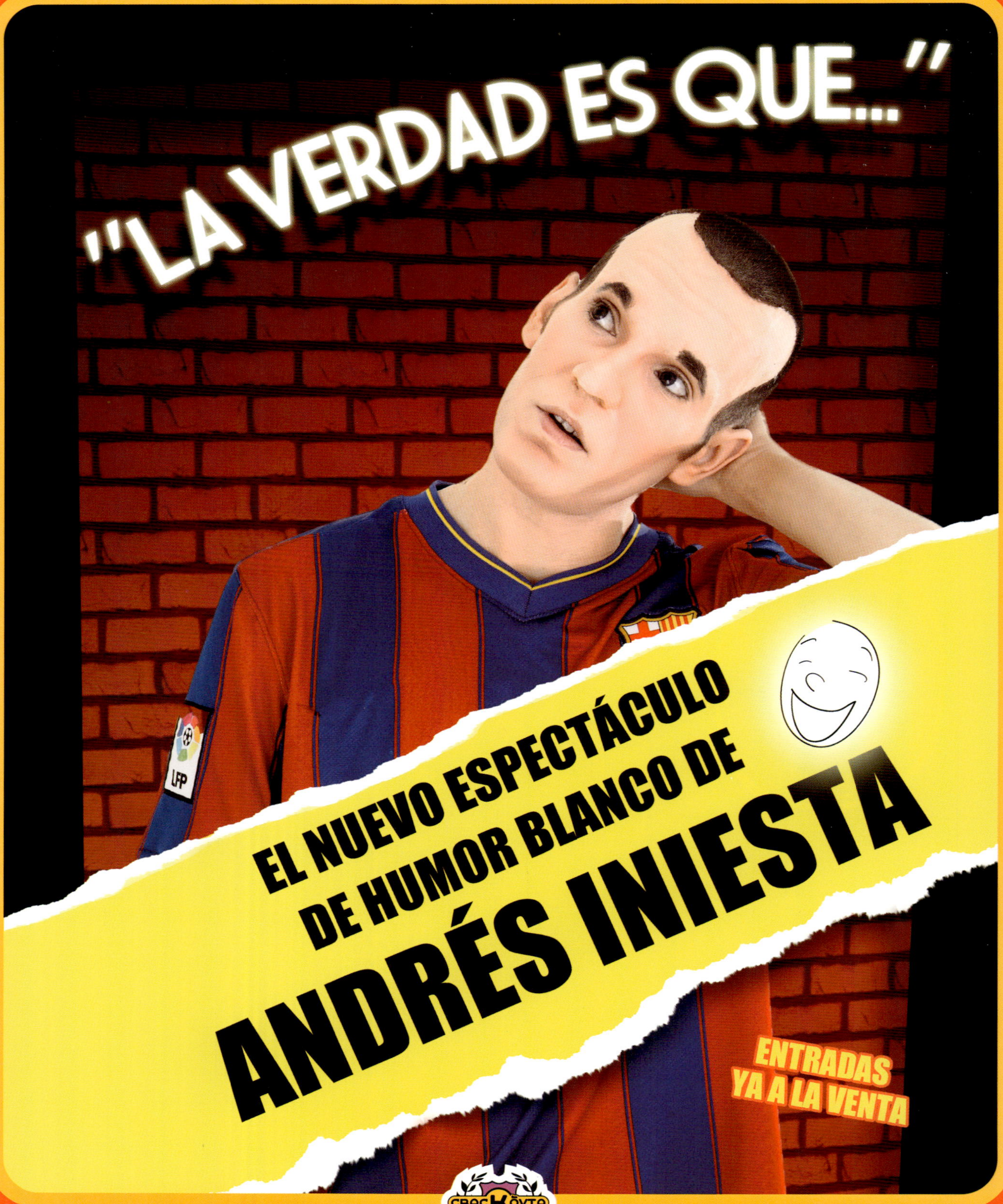
"LA VERDAD ES QUE..."
EL NUEVO ESPECTÁCULO
DE HUMOR BLANCO DE
ANDRÉS INIESTA
ENTRADAS
YA A LA VENTA

L'HUMOR d'INIESTA

Después del éxito de los DVD con mis mejores chistes, que ponemos en el avión en todos los desplazamientos del equipo, ahora me contratan los días que no tengo partido para hacer mis primeros pinitos como humorista en grandes escenarios.

Mis espectáculos se pueden ver en los mejores teatros mundiales: en el Paralelo de Barcelona, en la Ópera de Sydney, en el Gran Casino de Las Vegas, cada domingo en el vestuario del Espanyol para animarlos, a los pobrecitos, y una vez por semana en casa de mi vecino Paco en compensación porque por las noches no le dejo dormir con mis ronquidos. (La verdad es que ronco mucho. Ronco tanto que me despierto con mis propios ronquidos. ¿A ustedes no les pasa? Pero por fin he puesto remedio a esta situación. Ahora me he ido a dormir a otra habitación para no escucharme).

La verdad es que estoy muy contento, las cosas me van muy bien. ¿No me encuentran más risueño este año? Creo que hasta suelto más carcajadas de las habituales en mí, que ya eran muchas. El año pasado creo que solté una o dos.

El humor debe estar presente en nuestras vidas. Es por eso que me alquilo como animador de fiestas. Hasta hago imitaciones de personajes cuando están quietos y callados: Risto Mejide, José Luis Rodríguez Zapatero, Mariano Rajoy, Boabdil rey de Granada, Sammy Davis Jr.,... y podría atreverme con el resto de la humanidad. Los clavo.

Si alguna vez tienen que celebrar una fiesta de cumpleaños, una boda o el entierro de su suegra, quizás puedan contratarme. Esto lo he plagiado del equipo A. Voy a imitar a M. A. quieto y callado. (...) ¿Qué? Clavadito, ¿no? Si es que yo no miento.

Hala, les dejo con algunos de mis chistes y con mi cartel promocional. Espero que disfruten tanto como las hienas que me vieron actuar el otro día en el zoo. La verdad es que son un público agradecidísimo, se reían por todo. No duden en contratarme.

—Hola, buenas. ¿Me da un billete de metro?
—Hombre, tan grandes no tenemos.

—¿Por qué el César iba siempre con sandalias?
—¡Porque era julio!

—¿Cuál es la diferencia entre una moto y un váter?
—Que en la moto te sientas para correr, y en el váter corres para sentarte.

—¿Qué es una losa?
—Una flol muy helmosa.

—Cariño, ¿estás resfriado?
—Do.

—¿Sabes qué es un cisne?
—Un sistio donde posnen pelísculas.

—¿Qué es blanco por fuera, verde por dentro y salta?
—Un sandwich de rana.

—¿Cómo se dice 'estoy muerto' en inglés?
—Memory.

—Niño, si adivinas cuántas manzanas tengo en el cesto te doy las tres.

—¿Viste el apagón de anoche?
—No, en mi casa se fue la luz y no lo pude ver.

Era una señora tan gorda, tan gorda, tan gorda que cuando salía en televisión salía en todos los canales.

—¿Quién es el superhéroe de los perros?
—El Doberman.

—¿Por qué a los de Lepe les llaman "los Rambos"?
—Porque son silvestres hasta los talones.

—Hijo, te he dicho 873.234.509 veces que no seas exagerado.

—A ver, hijo, ¿cuánto es 4 por 4?
—Empate.
—¿Y 2 por 1?
—Oferta.

Una señora llama a una carnicería y pregunta:
—¿Tiene orejas de conejo?
—Sí.
—¿Y tiene cabeza de cerdo?
—Sí.
—¡Dios mío! ¡Es usted un monstruo!

—¿Sabes que el otro día mi madre se cayó por el balcón y ahora está en el cielo?
—Pues, cómo rebota, ¿no?

—Doctor, me duele aquí.
—Pues póngase allí.

—¿Araña?
—No, gato.

—¿Qué tiene 2 ojos y 100 dientes?
—Un cocodrilo.
—Y 2 dientes y 100 ojos?
—Un autobús del Imserso.

—¿Desde cuándo tiene la obsesión de que es un perro?
—Desde cachorro, doctor.

—¿Qué se ve desde el punto más alto de Toronto?
—Torontoentero.

—Oiga, ¿y a usted le gusta la pintura?
—Sí, pero más de un bote me empalaga.

—Te vendo un caballo.
—Y yo, ¿para qué quiero un caballo vendado?

—¿Eres de la Real Academia de la Lengua?
—No, pero como si lo seriese.

Riiiiingg, riiiiiing.
—¿Es el nueve, cinco, dos, ocho, seis, siete, nueve, uno, cuatro?
—Sí, sí, sí, no, sí, no, no, sí, no.

Riiiiiiing, riiiiing.
—¿La embajada de Laos?
—Sí.
—Pues póngame uno de vainilla.

—Pepe, ¿cómo se escribe bala?
—Como suena, Manolo.
Y Manolo escribió 'PUM'.

—María, por Dios, ducha a los hijos.
—¿Para qué, si ya los reconozco por la voz?

—En 25 años de casados nunca me has comprado nada.
—Ah, ¿es que vendes algo?

—Mamá, mamá, el abuelo está malo.
—Pues apártalo y cómete las patatas.

Mamá, mamá, papá está tirando las cosas que no le gustan por la ventanaaaaaaaaaaaaa.

"Io sono molto contento"

Guasch & Go

Per Quique Guasch

L'entrevista

Zlatan Ibrahimovic, el substitut d'Eto'o al Barça, ens desvela la seva màgia.

Són pels volts de la una del migdia d'un dilluns. Amb la il·lusió d'un nen petit amb sabates noves espero el talentós i màgic davanter del Barça a la sortida del vestidor després d'un entrenament. Veig una moneda a terra, m'ajupo i se m'estripen els pantalons. M'assec sobre la màquina de cafè perquè no se'm vegi el cul i decideixo que faré l'entrevista des d'aquí dalt. Quina vergonya! També decideixo que això no ho posaré al meu article, però no me'n recordo i, com veieu, ho acabo posant. Surt Zlatan per la porta.

QUIQUE GUASCH: Bon dia, Zlatan.

ZLATAN IBRAHIMOVIC: Ah, hola, Quique. ¡Oh, un momenti! ¡Ibracadabra pota di cabra!

Em treu una moneda de darrere l'orella i se la guarda. Al·lucino en colors. Bé, de la manera que sóc jo, en blanc i negre. Negre pel bronzejat i blanc pel bigoti.

Q.G.: Però com has fet això?

Z.I.: Bene... màgia, veramente, és una cuestione di màgia.

Q.G.: Veig que la màgia no només la fa servir al terreny de joc...

Z.I.: Per ser futbolisti de qualitate io tengo que espavilarmi. Es por esi que tengo algunos recursos.

Q.G.: Interessant. Deixi'm ser educat. En primer lloc: com es troba?

Z.I.: Muy facile, abro los ojos per la matina cuando sona el despartadori y estoy allí, en la cama. Es molto facil trobarme a mi mateix.

Q.G.: No. Dic que com es troba a Barcelona i al Barça?

Z.I.: Ah, io sono molto contento.

Q.G.: Vostè ve amb l'etiqueta de substitut de Samuel Eto'o. El camerunès tenia un bon

registre de gols. El molesten les comparacions?

Z.I.: No, no mi molestan.

Q.G.: Samuel Eto'o pressionava molt amunt, tallava pilotes, feia moltes rematades a porta...

Z.I.: Ya. Repito que no mi molesta las comparacione.

Q.G.: Tenia un tant per cent molt elevat de gols per partit jugat...

Z.I.: Ya. Ma no me molestan las comparacione.

Q.G.: Volia jugar tots els partits i corria del minut 0 al 90 sense parar, marcava en els partits importants...

Z.I.: ¡¡¡Que no mi molestan LAS COMPARACIONE!!! ¡Nooooo! ¡No mi MOLESTAN! ¡¡¡Noooooo!!! ¡¡¡Aarrrggg!!! ¡Ibracadabra pota di cabra!

Zlatan fa un dels seus trucs de màgia i em converteix en gallina. Marxa sense ni saludar-me. M'espolso les plomes, escataino tres cops i baixo de la màquina de cafè per anar cap a casa. Un cop allà, repasso en DVD els millors moments de Zlatan amb el Barça fins al dia d'avui. Em cau la bava, m'emociono i ponc un ou.

Quique Guasch

unicef

TEST

Què en saps, dels Jocs Olímpics?

Barcelona ja va tenir uns Jocs Olímpics d'estiu, però sembla que l'alcalde de la ciutat comtal, en Jordi Hereu, ara en vol fer uns d'hivern el 2022. No, no ens estem referint que Ussain Bolt vingui a córrer els 100 metres llisos amb pantalons llargs, descansos i bufanda, que en comptes de llançament de javelina llancin estufes i radiadors o que l'hípica es faci a dalt d'un ieti i no d'un cavall. Ens estem referint a aquelles disciplines que es fan sobre neu o gel: esquí alpí, *curling*, esquí de fons... (Malauradament, fer ninots de neu encara no ha estat reconegut com a disciplina olímpica).

No sabem si el canvi climàtic farà que Barcelona estigui nevada aquells dies, si l'esquí de fons es farà Diagonal amunt, Diagonal avall, els salts des del capdamunt de la Torre Agbar o el descens més llarg amb esquís des del Tibidabo a la Barceloneta. El que sí que sabem és que arribarà un punt que, entre els jocs d'estiu i els d'hivern, els catalans serem uns experts en totes les disciplines. Però...

"Què ens saps, dels Jocs Olímpics?, eh?"

(El teu resultat dependrà de si el nombre de preguntes contestades són majoria A B C o D. En cas d'empat, la resposta a la primera pregunta serà la que decantarà la balança).

1) On neix la flama que arriba a encendre els peveters de tots els Jocs Olímpics d'estiu?

a) Dels fogons del Bulli.
b) Del Canigó.
c) D'un Zippo o un Clipper.
d) D'Olímpia (Grècia).

2) Com es diu la disciplina olímpica en què els participants han d'escombrar una pista de gel?

a) *Escombreiting*.
b) Treballs socials.
c) Poca *feining*.
d) *Curling*.

3) Què es passa de mà en mà en una cursa de relleus?

a) Un moc de l'últim esternut que has fet.
b) Un porró de moscatell.
c) El que acabes de robar, perquè no t'enxampin.
d) El testimoni.

4) On es van celebrar els Jocs Olímpics d'estiu del 1992?

a) Es van suspendre perquè tothom era de vacances.
b) A Hostalets de Pierola.
c) A Pachà Eivissa.
d) A Barcelona.

5) Qui va dir la famosa frase "l'important és participar"?

a) Ferran Adrià a classes de fonètica.
b) El guanyador del Concurs de Calçots de Valls.
c) El cabró de Kurt Cobain.
d) El Baró de Coubertin.

6) En quina disciplina olímpica participa Gervasi Deferr?

a) Si és molt disciplinat deu ser majordom.
b) Arrencar cebes.
c) És el D.J.
d) És gimnasta.

7) De què són les medalles que es lliuren als tres primers classificats de cada disciplina?

a) Com les que porto ara a la camisa: de vinagre, de salsa de tomàquet i de mostassa.
b) Dels espectacles del Màgic Andreu.
c) De rom amb cola.
d) D'or, de plata i de bronze.

8) Què és el COI?

a) Un eufemisme per no dir "cony" quan estàs enfadat. "Coi de nen, mira que ets pesat!".
b) Una ciutat valenciana.
c) Un local de la ruta del bakalao.
d) El Comitè Olímpic Internacional.

9) Què té la bandera olímpica que n'hi ha una de color verd, una de negra, una de groga, una de vermella i una de blava?

a) Càpsules de la Nespresso.
b) Samarretes de colles castelleres.
c) Pastilles.
d) Anelles.

10) De què et sona el nom de Paquito Fernández Ochoa?

a) Una marca d'anxoves congelades.
b) D'un guàrdia civil reciclat a mosso.
c) Muntava *raves* en fàbriques abandonades.
d) Va ser el primer espanyol a aconseguir una medalla d'or en uns Jocs Olímpics d'hivern.

Resultats

TEST OLÍMPIC

Majoria de respostes A:

No és que no sàpigues què són els Jocs Olímpics, és que no saps què és l'esport en general. Si un dia et porten a l'Estadi Olímpic ets capaç de dormir al matalàs del salt d'altura, deixar el gat al fossar de salt de llargada que faci les seves necessitats perquè està ple de sorra o agafar la javelina per punxar les olives i les escopinyes del bar de l'estadi. No m'estranya que tinguis sobrepès. Si és que no podries participar al sumo per estar massa gras/sa!

Majoria de respostes B:

Que Barcelona tingués un Jocs Olímpics no vol dir que siguin una cosa exclusivament catalana. És una llàstima perquè series un bon participant si les disciplines olímpiques fossin: els 100 metres llisos sucant pa amb tomàquet, el tir al plat de botifarra amb seques, llançament de disc (de la Núria Feliu, de La Trinca o de Sopa de Cabra), exercici de barra fixa (si fossin 4 barres i una estrella al capdamunt), 20 quilòmetres marxa per la independència, aixecament de pes amb cistells plens de rovellons... etc., etc., etc.

Majoria de respostes C:

Menys anar de festa, menys música, menys discoteques i més esports. Seria una pena que fossis olímpic perquè, acostumat al podi de les discoteques, et posaries a ballar quan sonessin tots els himnes en comptes d'estar quiet amb respecte. A més, no seria gaire agradable veure't amb un banyador estampat i ulleres de sol a les proves de natació, ballant la lambada amb el teu contrincant a les proves de judo o llançant boles de neu durant el gran eslàlom d'esquí. A més, la prova de marxa és al matí i no a la nit, de discoteca en discoteca, sapastre!

Majoria de respostes D:

Perfecte, ets un gran expert. Coneixes prou i de sobres tots els esports, fins i tot series capaç de trobar una drecera en els 100 metres llisos per rebaixar el rècord del món. Quan no estàs fent exercici segueixes, assegut al sofà com UN GOS, tots els esports que fan per la tele, així que no és gens estrany que el Mariscal es fixés en tu per crear el Cobi. Fer culturisme no et servirà per ser ministre de cultura. Estudia una miqueta també, no?

ENTRE VESTIDORS

Queca! Va, coi, surt del lavabo que ja et toca!
Quecaaa!!! Vaaa!!! Sempre has d'anar a pixar quan et toca sortir en un gag?
Va, surt, no veus que t'has ficat al lavabo d'homes?! Amb els nervis sempre t'equivoques.
El que em fot és que després ho haig de netejar jo, perquè ella no sap pixar dreta. Bufff...

ENTRE VESTIDORS

Ei, i aquí també, eh! Jo sento els colors del meu club... de futbol.
Estrellitas
CocaPepsi
Federal Wagons

I aquest d'aquí al... Ei! Què passa?! No el voleu veure, el que tinc aquí al darrere? Doncs ben maco que ha quedat.
CENSURAT

Oye, con los partidos ganados que llevamos ¿cómo es que vamos de los últimos en la clasificación?

Pero, ¿qué dices, pavo?
Lo que oyes. Estamos en zona de descenso a Segunda.

Pero serás cazurro, estás leyendo el periódico al revés.
¡Ueah! Ya está.
Jajaja... Ya decía yo que también era raro que echaran el *Crackòvia* los lunes por la mañana y los dibujos animados de madrugada.

Aquesta vegada crec que s'han passat amb aquest guió. Jo no dic 'Tontolaba' o '¿Qué pasa, chinorri?'. Jo sóc més de dir: capsigrany, eixelebrat, figaflor, gamarús, tanoca, tarambana, tros de quòniam, cagacalces, empaitabisbes...

Míster, no, que lo puto palangana que tenim per guionista t'ha donat el guió del Tamudo.
Serà tontolaba, el tio!... Ehem... vull dir... Serà gamarús, el noi!

La verdad es que sí... ¡No! La verdad es que no... ¡No! La verdad es que... La verdad es que... La verdad es que...

¡La verdad es que no hay manera de memorizar el texto para grabar este gag! ¿Quién me mandó colaborar en *Crackòvia* y no apuntarme a clases de música *metal*? ¡Con lo heavyata que es uno!

ENTRE VESTIDORS

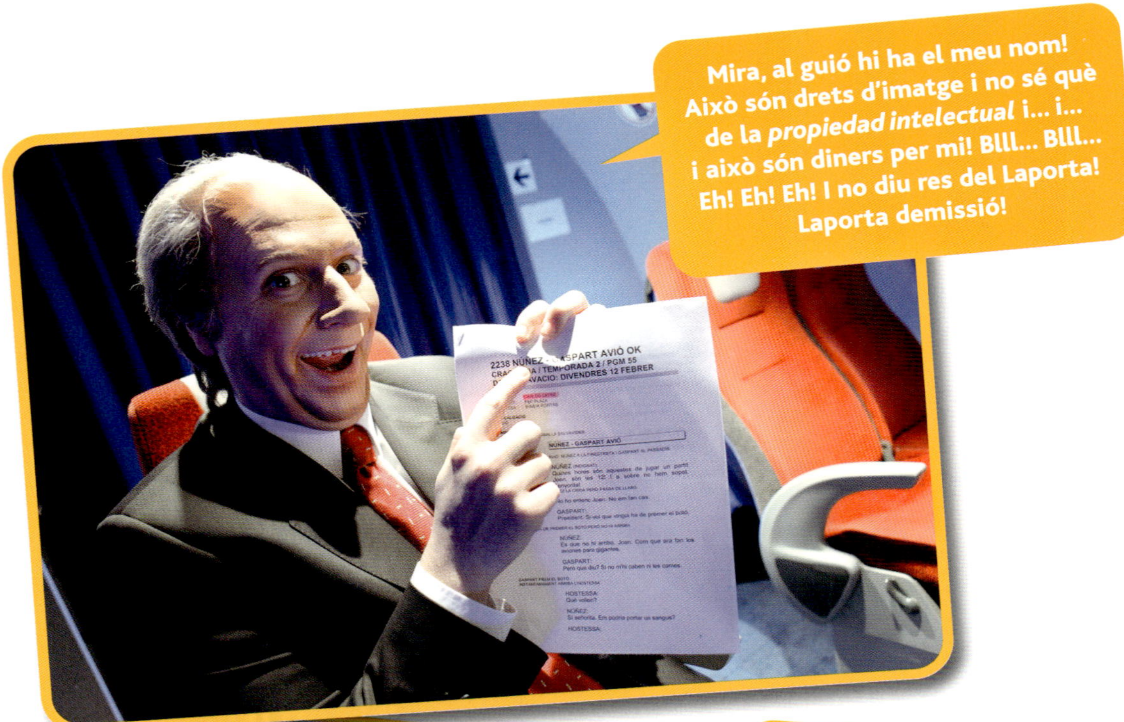

Doncs sí, vaig a la mateixa sabateria que l'Emma de les Spygirls i el Frankenstein. Què passa?

Pues sí, no podemos empezar porque falta Charly. Siempre igual, se le pegan las sábanas. No lo entiendo, porque sería mejor para él madrugar, así estaría más tiempo sin hacer nada, automáticamente. ¿No?

Escolta, que jo venia a fer un gag, no que m'espiés l'Oliver. Què és tanta càmera i tant vídeo?

HAT TRICK messenger

Xavi Torres

nuevo messenger ▾

XAVI TORRES:
Ei, Pichi, estàs aquí al messenger?

PICHI ALONSO:
No, estic a casa. Estic escrivint una miqueta per aquest xat...

XAVI TORRES:
Això és el messenger, Pichi!!!

PICHI ALONSO:
Ah... bé... Doncs així sí, no? No ho sabia. Tornem a començar.

Xavi Torres

nuevo messenger ▾

XAVI TORRES:
Ei, Pichi, estàs aquí al messenger?

PICHI ALONSO:
Es veu que sí.

XAVI TORRES:
Doncs molt bé, ja hem fet la ximpleria de tornar a començar. Escolta'm, Pichi...

PICHI ALONSO:
He de posar els altaveus?

XAVI TORRES:
No, que estiguis al lloro dic... Volia demanar-te una de les teves estadístiques.

PICHI ALONSO:
Òndia! Estàs bé?

XAVI TORRES:
És clar, Pichi, per què?

PICHI ALONSO:
Perquè m'ha sortit una cara groga, que segons les meves estadístiques, podria ser:
- en un 50% que t'has tornat xinès
- en un 25% que t'han contractat al Barri Sèsam per fer de Blai
- en un 24% que tens hepatitis
- en un 1% no ho sé, no ho contesto

XAVI TORRES:
És una emoticona, Pichi!!!

PICHI ALONSO:
Ah, coi! Doncs tornem a començar la conversa, d'acord?

XAVI TORRES:
Però Pichi!!! No cal començar cada cop que la cagues!!!

• PICHI ALONSO S'HA DESCONNECTAT •

XAVI TORRES:
Merda! Així no acabarem mai!!!

PICHI ALONSO:
Va!

XAVI TORRES:
Buffff... Ei, Pichi, estàs aquí al messenger?

PICHI ALONSO:
Sí!

XAVI TORRES:
Molt bé, Pichi. A veure si ara ens en sortim, que tinc pressa. Necessito una de les teves estadístiques.

JORDI ROBIROSA S'HA AFEGIT A LA CONVERSA
Hosti, és apostoflant això del messenger, oi? Xaleu escrivint per aquí? Jo xalo més escrivint el meu llibre però amb això també Déu n'hi do. Ei, ull viu! Ho dic d'esma. Fa patxoca això d'omplir la tasca estant a l'aguait de posar emoticones deslllorigant el text, fent-lo més amè i no un garbuix de lletres sobreposades que...

• JORDI ROBIROSA HA ESTAT EXPULSAT DE LA CONVERSA •

XAVI TORRES:
A prendre vent!

PICHI ALONSO:
Hosti, què ha estat, això? Intrusos? Saps què? Tornem a començar?

XAVI TORRES:
No!!! Escolta, Pichi, necessito una estadística teva, ja!!!

PICHI ALONSO:
Ja no em poses l'emoticonya?

XAVI TORRES:
Molt bé! Te'n poso mil, pesat!!!

PICHI ALONSO:
Sí, gràcies. A veure... Què volies?

XAVI TORRES:
Sí, mira, jo volia...

VÍCTOR PATSI S'HA AFEGIT A LA CONVERSA
Hola, amics. Pep Guardiola, després de veure com Henry toca les pilotes amb les mans amb la selecció francesa, ha decidit traspassar-lo a la secció d'handbol o a la secció de "pedra, paper i tisora" del club. Ho sé perquè em trobo desplaçat, en aquests moments, a la concentració del Barça.

XAVI TORRES:
Ara sí que et sentiràs desplaçat!!! Fora d'aquí!

• VÍCTOR PATSI HA ESTAT EXPULSAT DE LA CONVERSA •

JOAN OLIVER S'HA AFEGIT A LA CONVERSA
... .

HAT TRICK messenger

XAVI TORRES:
Oliver?

JOAN OLIVER:
Coi, com m'heu descobert?

XAVI TORRES:
Perquè posa el teu nom i una foto teva, potser?

JOAN OLIVER:
No hi ha manera de fer una auditoria de seguretat sense ser descobert? Com trobo a faltar aquells temps en què un anava amb un diari foradat per posar els ulls i ningú t'enxampava!

• JOAN OLIVER S'HA DESCONNECTAT •

XAVI TORRES:
A veure si puc demanar-te l'estadística en pau.

PAU GASOL S'HA AFEGIT A LA CONVERSA
La meva estadística? 8 taps, 2 rebots (un amb el meu entrenador perquè no em feia jugar), 22 punts (6 dels quals de sutura en una cella)...

XAVI TORRES:
Què?

PAU GASOL:
No has dit que volies les estadístiques d'en Pau? Coi, doncs això...

PICHI ALONSO:
Quanta gent! Sembla la Rambla, això. Bé, només un 50% diu que sembla la Rambla, perquè segons les meves estadístiques, un altre 50% diu que és Can Pixa.

VÍCTOR PATSI S'HA AFEGIT A LA CONVERSA
Sí que sembla Can Pixa. Apunta'm a l'estadística, Pichi.

• VÍCTOR PATSI HA ESTAT EXPULSAT DE LA CONVERSA •

XAVI TORRES:
Fora d'aquí! Jo també crec que és Can Pichi, Pixa! Vull dir que amb això del Patchi és Can Pitsi, Picha... Ai!!! Que és Can Pixa, Pichi!!!

PICHI ALONSO:
Tornem a començar?

XAVI TORRES:
Nooooo!!! És tard i vull anar a dormir!

PAU GASOL:
Doncs aquí a Los Angeles és de dia, fot un sol que gratina la caspa!

• PAU GASOL HA ESTAT EXPULSAT DE LA CONVERSA •

XAVI TORRES:
Pichi, necessito una estadística teva, com t'he dit mil vegades! Que ja se m'han esborrat les lletres del teclat de tant escriure al messenger i fotre fora gent, no em queden ni empremtes dactilars!

PICHI ALONSO:
A veure, tu diràs...

XAVI TORRES:
Per fi!!! Volia saber...

• PICHI ALONSO S'HA DESCONNECTAT •

HAT TRICK messenger

XAVI TORRES:
Noooo!!! Pichi!!! Pichi!!!

• **PICHI ALONSO ESTÀ ARA CONNECTAT** •

PICHI ALONSO:
Ai perdona, és que m'he quedat adormit i amb el nas he pitjat ESC sense voler. Digue'm, digue'm...

JORDI ROBIROSA S'HA AFEGIT A LA CONVERSA
Ei, que apostoflant és tot plegat, crec que abans m'heu expulsat d'una conversa sense voler. Ja se sap, a vegades les noves tecnologies són complicades, però de més verdes en maduren i...

XAVI TORRES:
"Sense voler" diu... Tééééé!

• **JORDI ROBIROSA HA ESTAT EXPULSAT DE LA CONVERSA** •

XAVI TORRES:
A veure, Pichi, això és una conversa privada del *Hat Trick* entre tu i jo, per tant...

DAVID BALAGUER S'HA AFEGIT A LA CONVERSA
Del *Hat Trick*, dieu? Jo sóc del *Hat Trick*, però de l'Espanyol, per tant encomanant-me a Sant Tamudo gloriós vull dir-vos que...

• **DAVID BALAGUER HA ESTAT EXPULSAT DE LA CONVERSA** •

PICHI ALONSO:
Ja només falta que torni el Patsi...

Hat Trick messenger

XAVI TORRES:
Escolta, Pichi, no cridis el mal temps. A més, què li diries?

PICHI ALONSO:
Si vol que el punxi amb un punxó.

JORDI ROBIROSA S'HA AFEGIT A LA CONVERSA
Apostoflant!!! El Pichi li va dir al Patsi vols que et punxi amb un punxó, i el Patsi li va dir al Pichi punxa'm però a la panxa, no. Només falta que l'exblaugrana Pizzi pixi a casa el Patsi amb el consentiment del Pichi traient la pitx...

XAVI TORRES:
Robirosa, mira, a tres carrers de casa teva hi ha el Pau Gasol passejant un gos!!!

JORDI ROBIROSA
Hosti, el Gasol, dius?

• JORDI ROBIROSA S'HA DESCONNECTAT •

PAU GASOL S'HA AFEGIT A LA CONVERSA
Què?

• PAU GASOL HA ESTAT EXPULSAT DE LA CONVERSA •

XAVI TORRES:
Ja està! Ja estem sols. Per enèsima vegada, si us plau, Pichi, l'estadística! (...) Pichi! (...) Pichi? (...) Que dorms?

PICHI ALONSO:
Ah, no... no... no pas. M'estava mirant les parpelles per dins. Digue'm, quina estadística vols saber?

XAVI TORRES:
M'agradaria saber la que parla sobre les imminents eleccions a la presidència del Barça. És per fer un programa especial a TV3 sobre això.

PICHI ALONSO:
Ah... és una cosa molt senzilla. La tinc per aquí. Diu així:
A un 99% dels socis de l'Espanyol no els importen però volen veure el Barça a Segona.
Un 1% de socis de l'Espanyol són socis també del Barça i no tenen clar el vot.

• **XAVI TORRES S'HA DESCONNECTAT** •

PICHI ALONSO:
Xavi? (...) Xavi, estàs per aquí? (...) Xaaaaviiiiiii???
Ni m'ha donat les gràcies, no entenc per què. Apa, bona nit.

• **PICHI ALONSO S'HA DESCONNECTAT** •

JORDI ROBIROSA S'HA AFEGIT A LA CONVERSA
No era el Pau Gasol, ni tan sols s'hi assemblava, era una dona vella i malgirbada! (...) Hi ha algú? (...) Això és apostoflant!

• **JORDI ROBIROSA S'HA DESCONNECTAT** •

IMITA'M IMITA'M

IMITA...
GUTI

IMITA'M IMITA'M

CLAUS PER A LA IMITACIÓ ORAL:

1 **Per imitar en Guti afina les teves cordes vocals, perquè has de cantar al ritme discotequer del "Pim, pam, pim, pam". Adapta, però, la lletra segons la situació en què et trobis.**

Exemple:
(JUGANT A FUTBOL) Pim, pam, pim, pam, goles vienen goles van.
(MIRANT GENT PASSAR) Pim, pam, pim, pam, culos vienen, culos van.

2 **Sobtadament, deixa anar un crit de "¡ueah!".**

Exemple:
Me estaba cortando las uñas de los pies y ¡ueah! decidí pintarme las de los dedos pequeños de color carmín.

Però si ho trobeu massa complicat podeu deixar anar el crit de "ueah" com qui no vol la cosa cada dos segons.

Exemple:
¡Ueah! El exjugador ¡ueah! del Milán ¡ueah! que más ¡ueah! me gustaba ¡ueah! se llamaba George Weah ¡ueah!

3 **Al teu interlocutor no el tractaràs pel seu nom, sinó amb expressions com 'macho', 'pavo', 'tronco', 'churri'... Mai per 'señor', 'don', 'excelentísimo'...**

Exemple: *Oye, pavo, ¡ueah! Pim, pam, pim, pam.*

Mai ho farem al revés, canviar 'pavo', 'tronco' o 'macho' per 'señor'.

Exemples del que no hem de fer:
Bocadillo de pavo → *bocadillo de señor*
Antonio Camacho → *Antonio Caseñor*
Machu Pichu → *Señor Pichu*
Despavorido → *Desseñorrido*
Cortar un tronco → *Cortar un señor*

4 Fer citacions de grans clàssics però versionades cap al teu terreny, o sigui, la festa!

Exemple:

"Salir de fiesta de viernes a martes", como dijo Descartes,
"Bailar en la pista un mogollón", como dijo Platón,
"Tirar los tejos a las tías", como dijo Prats, el Matías.

CLAUS PER A LA IMITACIÓ FÍSICA

- ✔ Regira els armaris i busca pantalons de colors estridents i camises llampants. Si no combinen, és igual, com més ressaltin i menys combinin les peces de roba, més *fashion* aniràs.
- ✔ Adorna la vestimenta amb collarets, anells i braçalets daurats o platejats. Si et vols posar un pírcing, retalla un trosset de paper d'alumini i enganxa-te'l amb cinta adhesiva al lòbul de l'orella.
- ✔ Agafa un bolígraf blau i pinta't una estrella a cada colze a manera de tatuatge si és que vas de màniga curta. Perquè per anar de màniga llarga i que no es vegin no val la pena, creu-me!
- ✔ Vés sempre amb un posat altiu i xulesc, riu de les teves pròpies bromes i a la mínima posa't a ballar a ritme de discoteca. (Ei, el pas bàsic i acompanyant el ritme amb els braços, no aquells que fan tombarelles i coses rares com si estiguessin a Fama).

PRÀCTICA

***Llegeix aquest text i tingues en compte les indicacions d'abans!**

CRISTIANO RONALDO:
¡Ah... Paris Hilton, cuánto tiempo!

GUTI:
¿Pero qué dices, pavo? Que soy Guti.

CRISTIANO RONALDO:
Ah, es verdad, que no me acordaba que habíamos quedado para ver el partido. Pasa, pasa.

GUTI:
Bueno, nen, esta noche el Barça pringa fijo. Mira, hasta me he puesto este pin que tengo del Espanyol. ¡Ueah!

CRISTIANO RONALDO:
¿Quieres un bocata? Tengo pan.

GUTI:
¡Hostias! Pin. Pan. Pin. Pan. Pin, pan, pin, pan...

EXERCICI

***Crea i escriu amb llapis el teu propi gag d'en Guti. Un cop acabat compara'l amb el d'algun amic que tingui el llibre i decidiu quin és el millor. Si perds... canvia'l. Et posem en situació:**

A LA PISTA DE BALL D'UNA DISCOTECA, GUTI INTENTA PRENDRE UNA NOVIETA A CRISTIANO RONALDO.

GUTI:

....

....

CRISTIANO RONALDO:
Oye, ¿se puede saber qué haces?

GUTI:

....

....

....

CRISTIANO RONALDO:
¡Ooohhh! ¡Te has perfilado las cejas igual que yo! ¡Copión!

GUTI:

....

....

CRISTIANO RONALDO:
¡Voy a contárselo a Florentino! Buaa... buaa... buaa...

GUTI:

....

....

“Nynynyiiii nynyiii nyii”

Guasch & Go

per Quique Guasch

L’entrevista

Una amable Escupi ens mostra el seu costat més obscur en una apassionant entrevista.

Em disposo a fer l’entrevista més surrealista de la meva vida. He quedat a la llotja del peix d’Arenys de Mar amb l’Escupi, una escopinya molt simpàtica que coneix tot el que envolta el RCD Espanyol. Després d’aparcar el cotxe en una zona de càrrega i descàrrega, m’adono que un policia diu que em posarà una multa. Li dic que tinc pressa, que només serà un moment i que he quedat per entrevistar una escopinya. Avisa una ambulància i m’ingressen en un hospital psiquiàtric. L’Escupi, tres dies més tard, en assabentar-se que sóc allà, em ve a veure disfressat amb una gavardina i un barret. Fem l’entrevista amb total tranquil·litat. Encara hi ha persones (animals, en aquest cas) amables en aquest món.

QUIQUE GUASCH: Bon dia, Escupi, i gràcies per venir.

ESCUPI: Nynynyiiiii nyiiiii nyiiiiii nyiiiiii.

No entenc res del que em diu però li segueixo la corda fent que sí amb el cap i rient una miqueta.

Q.G.: Com et portes amb la mascota oficial de l’Espanyol, aquell periquito que surt al camp a l’inici del partit?

E.: Nyiiii nyiiii nyiii nyiii nyiiii.

Q.G: Ah, està bé. Així no hi ha mals rotllos, no?

E.: Nyiii!!! Nyi! Nynyii!! Nynyiiiiiiiiii!!!!!

Q.G.: Ah no, no, no! O sigui que no, que us porteu fatal! Ja! Sí, sí...

M’estic fotent en un jardinet perquè no entenc res del que diu. Algú li podia haver ensenyat a vocalitzar, a aquest animal, coi!

Q.G.: Com veus l’Espanyol enguany? En principi és un equip que no hauria de tenir problemes per salvar-se, que fins i tot hauria d’aspirar a la UEFA, però que les últimes temporades acaba sempre patint.

E.: Nyiiii Nynynyiiii, nyiiii nyiii nynynyiiiiiiii-

nynyii nyi nyi nyiiii nynyii nynynyiiii. Nyiiim: Nyiii nynyiii nynyiii nynyiii. Nyi nynynyi nynyiii "Nyinyo nyinyo!". Hahahahaha. Nyi, nynynyiii nyiii nynynynynyi nynynynynyi nynynyiiii...

S'enrotlla com una persiana. Aprofito mentre parla per fer-me un te amb llimona. Tallo la llimona i un raig de suc surt descontrolat i impacta en un ull de l'Escupi. Ha estat sense voler.

E.: AAAaahhhh!!!! Ahhhhhh!!! Aahhhh!!!

Se li arruga la cara i comença a fer voltes per l'habitació. Topa de paret en paret. Per sort les parets de l'hospital psiquiàtric són fetes amb matalassos i no s'obre el cap.

Q.G.: Ho sento, Escupi! Vine, vine, torna'm a explicar allò que deies que era tan interessant. Crec que ho has deixat quan deies "nynynyiiii" o potser deies "Nyiiinyiii" o "nyiigonyiiiguiiii".

E.: Nynyiiii nyiii nyiiiii!!!!!!!!!!

Crec que està enfadada.

E.: Nynynyiii nyiiii nyiiii nyiii nyiiii nyiiii!!!

Dit això, agafa el barret, es corda la gavardina i marxa tot donant un cop de porta. No m'ha dit ni adéu. O potser sí. Bé, no ho sé. Transcric el que puc, i el que em sembla, i acabo orgullós d'haver estat més que Félix Rodríguez de la Fuente o Jacques Cousteau havent entrevistat una escopinya. Em prenc la pastilla de les dotze, seguidament la d'un quart d'una i després la d'un quart i cinc d'una.

Quique Guasch

TEST

Saps el que cal saber de la Fórmula1?

Si creus que Jaume Alguersuari, Pedro Martínez de la Rosa i Fernando Alonso són noms de concursants de *Gran Hermano,* vas molt equivocat. Podrien ser-ho, però la veritat és que són pilots de F1 i no m'imagino en Flavio Briatore fent de Mercedes Milà.

Entenem per F1 un estil de curses automobilístiques en què els pilots van fent voltes a un circuit, no a la tecla que hi ha a l'ordinador al costat d' ESC, d'acord?

Si t'agradaria tenir com a amics al Facebook en Francesc Rosés i la Laia Ferrer, hauries d'entendre-hi força, d'aquest esport. Posa't a prova en aquest test i descobreix si saps el que cal sobre la F1.

(El teu resultat dependrà de si el nombre de preguntes contestades són majoria A B C o D. En cas d'empat, la resposta a la primera pregunta serà la que decantarà la balança).

1) On està situat el Circuit de Catalunya?

a) A Madrid.

b) A Diagonal amb Balmes. Fa xamfrà.

c) A Collbató.

d) A Montmeló.

2) Quin estri per cuinar té el mateix nom que la zona situada a l'inici del circuit on els pilots de F1 es col·loquen per participar a la cursa?

a) Iogurtera.

b) Colador xinès.

c) Paella.

d) Graella.

3) On paren els cotxes a omplir el dipòsit?

a) Al bar amb els amics.

b) En una estació de servei de l'autopista.

c) A bòxers.

d) A boxes.

4) Com es diu l'equip amb qui corre el 2010 Fernando Alonso?

a) Papá no corras.

b) ITV.

c) Fernandi.

d) Ferrari.

5) Com es diu el cotxe que surt a pista quan hi ha un accident?

a) Ambulància.

b) Xafarder.

c) Autocar.

d) *Safety car*.

6) Qui va ser el campió del món de F1 l'any 2009?

a) Segurament algú del Barça... El Messi!

b) Tim Burton.

c) Benjamin Button.

d) Jenson Button.

7) Com és la bandera que indica que els pilots ja han creuat la línia d'arribada?

a) Del Barça.

b) Blanca amb un punt vermell al mig.

c) De quadres: a vegades del Picasso, a vegades de Van Gogh...

d) De quadres negres i blancs.

8) La F1 és l'únic esport que té amo. Com es diu l'amo?

a) Qui, jo?

b) Sr. 1 o Sr. Fórmula, un dels dos.

c) Benny Hill.

d) Bernie Ecclestone.

9) On té la guantera un monoplaça?

a) Davant del seient del copilot, evidentment.

b) Entre el cendrer i el clàxon.

c) Sota el seient.

d) No en tenen.

10) De quin color es posa el semàfor per sortir?

a) Vermell, perquè tothom l'està mirant.

b) De cap, quan el de darrere toca el clàxon ja pots tirar.

c) Beix.

d) Verd.

Resultats

TEST FÓRMULA 1

Majoria de respostes A:

No és que no tinguis ni la més remota idea d'automobilisme, és que et fa pànic tot el que tingui rodes. Series capaç de viure sota un pont abans que en un xalet a RODA de Berà, per exemple. I és que vas aprendre a caminar als dos mesos per por d'anar amb cotxet!

Si prefereixes treure't el carnet d'identitat a la tercera abans que el de conduir a la primera, segueix així, però mai podràs parlar amb ningú sobre F1. Això sí, podràs parlar de com n'ets, de *freak*.

Majoria de respostes B:

No intentis acostar-te a la Laia Ferrer o a en Francesc Rosés perquè a la mínima que obris la boca podrien patir un atac de riure tan gran que les hienes al seu costat serien els animals més depressius del planeta. L'únic pilot que coneixes és el retolador negre que fa servir el teu pare, i l'únic volant que has tingut a les mans te'l va escriure el metge. T'animo a posar al Google una cosa tan senzilla com una "F" i un "1", a veure si així espavilem.

Majoria de respostes C:

Sembla que hi vulguis entendre... però no; sembla que et soni alguna cosa... però no; sembla que ets persona... però no! Ets un animal! Et sonen d'alguna cosa les expressions i terminologies d'aquest esport, però confons les paraules. I això és greu perquè acabaràs sent com les típiques iaies que en comptes de "croquetes" diuen "clocretes"; que en comptes de "moto" diuen "amoto"; que en comptes de "programa" diuen 'pograma', i que en comptes de dir "esternoclidomastoïdal", riuen, hiperventilen i es desmaien.

Majoria de respostes D:

Enhorabona! La teva fascinació per la F1 és realment obsessiva. T'has engreixat per tenir a cada costat de la panxa un Michelín, per Sant Jordi regales una foto del De la Rosa a les persones que estimes, t'has aficionat a la màgia per poder dir-te Mag Laren, quan vas a passejar amb la teva parella primer fas una volta de reconeixement... En fi, que si la teva finalitat és tenir com a amics el Rosés, la Ferrer i tots els pilots del circuit mundial de F1, t'anirà tot sobre rodes!!! (Això sí, sobre rodes de pluja quan plou, i sobre rodes de sec quan no plou, però segur que ja ho tens previst).

La Carta Astral CRACKOVIANA

De vegades ens sorprenem a nosaltres mateixos deixant anar frases de l'estil *"això és gravíssim"* quan ens trobem una situació complicada, o *"pim, pam, pim, pam, culos vienen, culos van"* enmig d'alguna festa, per posar alguns exemples. I és que la ment té cops amagats.
Sembla que així com hi ha dies en què estàs més feliç o dies en què estàs més trist, hi ha dies que t'agrada imitar el Núñez o hi ha dies que t'agrada més imitar el Cruyff, *automáticamente*. Això no ho forces tu a la teva voluntat, sembla que ve donat per un seguit de condicionants. Increïble, oi? És gravíssim, no?
Tres grans grups d'estudiosos, com són els antropòlegs, els filòsofs, els camioners i els matemàtics (jo no formo part dels matemàtics per qüestions òbvies), han arribat a la conclusió que el nostre ídol crackovià diari ve marcat per la nostra data de naixement i la nostra manera de vestir. D'aquest càlcul ha nascut la famosa '**Carta Astral Crackoviana**' a què tots estem exposats. S'hi marca quin és el nostre ídol o a qui estem predestinats a imitar o a seguir aquell dia.

És tan senzill com crear la frase que ens indicarà quin és el nostre tòtem agafant l'equivalència del nostre mes de naixement, l'últim dia que vam menjar llegums i la samarreta que portem posada avui. Podem comprovar-ho en aquest capítol, ja que tenim aquí copiada aquesta carta després de robar-la de l'Abadia de Montserrat, on estava guardada en secret.
Feu la prova:

MES DEL TEU NAIXEMENT • **DIA** QUE VAM MENJAR LLEGUMS
COLOR PREDOMINANT DE LA SAMARRETA QUE PORTES POSADA AVUI

GENER	Sóc igualet a...
FEBRER	Em confonen amb...
MARÇ	Tard o d'hora seré...
ABRIL	Imito sempre en/la...
MAIG	Sóc un clon de...
JUNY	M'identifico amb...
JULIOL	Vull ser com...
AGOST	No tinc res a envejar a...
SETEMBRE	Tinc el mateix estil que...
OCTUBRE	Vull tenir la mateixa vida que...
NOVEMBRE	Idolatro ferventment en/la...
DESEMBRE	De gran seré...

01	Pichi Alonso	12	Joan Gaspart	23	Andrés Iniesta
02	Carles Rexach	13	Escupi	24	Cristiano Ronaldo
03	Gerard Piqué	14	Queca	25	Raúl Tamudo
04	Jaume Roures	15	Txigrinski	26	Sergio Busquets
05	Joan Laporta	16	Karlos Kameni	27	Xavier Sala Martín
06	Gemma Mengual	17	Sergio Ramos	28	Leo Messi
07	Dani Sánchez Llibre	18	Johan Cruyff	29	Joan Oliver
08	Pep Guardiola	19	Josep Lluís Núñez	30	Janine
09	Florentino Pérez	20	Carles Puyol	31	Nakamura
10	Xavi Torres	21	Pochettino		
11	Zlatan Ibrahimovic	22	Guti		

BLANC	...perquè sempre menjo la sopa amb forquilla
NEGRE	...perquè no faig servir roba interior de puntes negres
BLAU	...perquè vaig al lavabo 3 cops al dia a fer de ventre
VERMELL	... perquè tinc el mateix sentit de l'humor que un cactus
VERD	...perquè mai perdo l'esperança d'arribar a 2,20 metres
GROC	...perquè menteixo més que parlo
TARONJA	...perquè sé tocar la flauta amb el nas
ROSA	...perquè faig olor de ximpanzé
GRIS	...perquè en pilotes guanyo molt
LILA	...perquè sempre que m'ajupo se m'escapa un pet
MARRÓ	...perquè sóc capaç de ficar-me a la boca més de 45 xiclets
DESPULLAT	...perquè sé llegir la ment a les foques
ALTRES	...perquè no tinc ni la més mínima idea de quant fan 2 + 2

Suposem que vas néixer al mes de març, que l'últim dia que vas menjar llegums va ser el dia 15 i que avui decideixes anar tot el sant dia despullat.
Si agafem aquests paràmetres, els busquem a la carta i en formem la frase que ens diu quin és el nostre ídol d'avui, ens quedarà:

**"Tard o d'hora seré Txigrinski perquè
sé llegir la ment a les foques."**

Doncs aquell dia triomfaràs si te'l passes fent crits de l'estil *"Uoooooooohhhh uooohhh uoohh",* com en Chewaka, o parlant de la teva estimada Quica.

Ara prova-ho tu, fes-ho als teus familiars i amics i descobreix quin és el teu ídol crackovià del dia. Ah, i no t'oblidis de menjar llegums! (Ens ho agrairan les vostres mares, els vostres dietistes o els productors de llegums*). Això sí, si trobeu un monjo de l'Abadia de Montserrat, xiuleu i dissimuleu, per si de cas.

*Si sou mares, dietistes o productors de llegums i ens voleu demostrar el vostre agraïment amb un suculent donatiu monetari, no dubteu a contactar amb nosaltres. Esperem i desitgem que aquell dia no us toqui com a ídol imitar el Núñez o no ens en donareu ni cinc.

"He renunciado al balón de oro"

Guasch & Go

per Quique Guasch

L'entrevista

Raúl Tamudo em dedica uns minuts per parlar de la seva situació a l'Espanyol.

Quedo amb el davanter en un bar de Santa Coloma. És l'hora del cafè. Mentre no arriba observo una taula amb tres jubilats que juguen a la botifarra. M'incorporo a fer unes partides amb ells. Recordo que jo en sabia molt, de jugar-hi. Al cap de 5 minuts ja estic plomat. Em jugo el cotxe, la casa, la roba... Arriba en Tamudo, em mira estranyat perquè vaig despullat. Dissimulo dient que fa molta calor perquè no esbrini que ho he perdut tot jugant. Mentre es treu l'anorac, els guants, la bufanda i es demana un cafè amb llet, intueixo que no s'ha empassat la meva excusa. A fora plou. Demano un bolígraf i un tros de paper a la barra, perquè també he perdut la gravadora en el joc, i comencem a xerrar.

QUIQUE GUASCH: Bona tarda, Raúl.

RAÚL TAMUDO: No puedo desearte lo mismo... jajaja.

Em sento incòmode i demano als tres jubilats que com a mínim em tornin la roba. Diuen que el joc és el joc.

Q.G.: Com està vivint la seva situació a l'Espanyol?

R.T.: La verdad es que un poco raro. Con lo que yo había sido. A mí antes me abrían las puertas.

Q.G.: Ara no?

R.T.: No, ahora las han puesto automáticas y se abren solas. Uno ya no se siente valorado.

Q.G.: La veritat és que té molta competència, i és clar, és difícil jugar. Iván Alonso, Callejón, Osvaldo, Coro, Luis García...

R.T.: ¿Estás pasando lista o me estás entrevistando, tontolaba?

Q.G.: Entrevistant, entrevistant...

R.T.: A ver, enséñame las preguntas.

Li ensenyo les preguntes que tinc apuntades a la llibreta. Les guixa totes. M'apunta tres preguntes que vol que li faci i les hi faig.

Q.G: És veritat que Raúl Tamudo és el millor jugador del món?

R.T.: Me gusta que me hagas esta pregunta, ahí te lo has currado, pavo. ¡Pues claro! Lo que pasa es que renuncio a que me den el balón de oro, no tengo sitio en casa. No quiero que un balón de oro me haga quitar la PlayStation que tengo encima la tele, ¿sabes? Y mira que me lo han ofrecido veces... unas 15 o 20 veces; prefiero que se lo den a Messi, así no llora el chavalín.

Q.G.: És... és... és cert que Raúl Tamudo va ensenyar-li tot a Pelé, Maradona, Cruyff, Kubala...?

R.T.: Sí. Esto se ha mantenido en secreto. Veo que estás informado. Sí, sí. Estos chavalitos no hubieran sido nada si yo no les hubiera enseñado cómo jugar a fútbol.

Q.G.: Però si són més grans que...

R.T.: ¡Eh! ¡Limítate a las preguntas y no me seas marciano!

Q.G.: Pot arribar a ser campió de Lliga un Espanyol sense Tamudo?

R.T.: Peazo pregunta, me encanta. Evidentemente: ¡No!

Hala, ya está. Muchas gracias y que esto se publique en la primera página del diario, ¿vale?

S'acaba l'entrevista. Tamudo em porta a casa de paquet a la seva moto. No li fa angúnia que hi pugi despullat i ara entenc el perquè. Per portar-me a casa fa volta i em passeja durant quatre hores per tot Barcelona, com si fos una rua. No me'n puc escapar. La gent riu. A mi no em fa gens de gràcia. Em passo tres setmanes al llit refredat, però la meva fama puja, surto en mil fotos d'Internet ensenyant les vergonyes.

Quique Guasch

IMITA'M IMITA'M

IMITA...
ANDRÉS INIESTA

IMITA'M IMITA'M

CLAUS PER A LA IMITACIÓ ORAL:

1 No aixecar la veu ni massa ni poc. Tenir una actitud sempre tranquil·la, que no es distingeixi si s'està enfadat, s'està content, o s'està trist.

Exemple:
(FAREM)
Estoy tan contento que chillo de alegría.

(NO FAREM)
Estoy tan contento que ¡¡¡CHILLO DE ALEGRÍA!!!

2 No entonar fent alts i baixos, tot ha de seguir un ritme molt lineal. És com la Duquessa d'Alba però amb un ritme planer, sense aquells galls o pujades i baixades de to exagerades.

✔ CORRECTE

✘ INCORRECTE

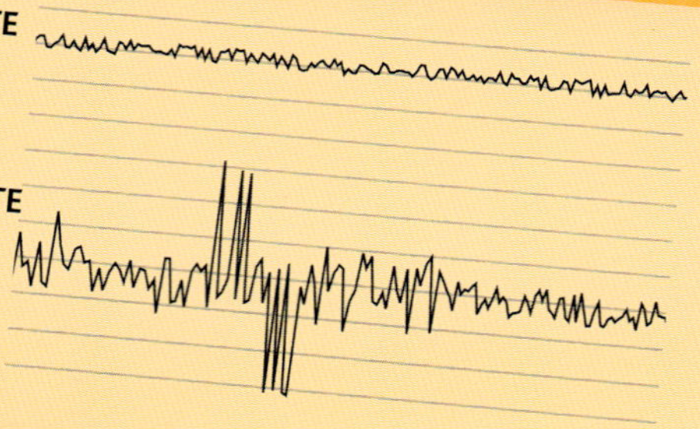

3 Utilitzar molt sovint l'expressió "La verdad es que..." a l'inici d'algunes frases.

Exemple: *La verdad es que de pequeño me cayó un rayo, soy paliducho, brillo como Gusiluz y tengo poderes mágicos.*

Si creieu que us oblidareu de dir aquesta expressió de tant en tant, digueu-la davant de cada paraula i us quedeu més amples que una autopista de 18 carrils.

Exemple: *La verdad es que yo la verdad es que cuando la verdad es que chuto la verdad es que el la verdad es que balón la verdad es que con la verdad es que efecto la verdad es que puedo la verdad es que enviarlo la verdad es que al la verdad es que pasado.*

4 Atenció amb aquest 'es' de "La verdad es que..." perquè la 's' final és una mica com la 'j' castellana. Una miqueta! No ens passéssim! No estem imitant José Bono, el polític. Aquesta pronunciació no la farem a totes les 's' que diguem, només amb aquesta forma del verb 'ser': 'es'.

Exemple: *La verdad es que* → *La verdad ej que*

Però si ho trobeu massa complicat i voleu tirar pel dret, feu-ho amb totes les -s i que us vinguin al darrere amb un flabiol sonant.

Exemple: *La verdad es que no sé si soy soso, sólo sé que soy un ser que baila salsa como Julio Salinas* → *La verdad ej que no jé ji joy jojo jólo jé que joy un jer que baila jalja como Julio Jalinaj.*

CLAUS PER A LA IMITACIÓ FÍSICA

- ✔ Posa't una samarreta del Barça o, en el seu defecte, pinta'n una de blanca amb retoladors, ceres o pintallavis blaus i granes.
- ✔ Renta't la cara. Un cop seca, però una mica humida, posa-t'hi pólvores de talc o farina. Així aconseguirem que aquest producte s'enganxi a la cara i tindrem un to de pell blanquinós, que és el tret característic del de Fuentealbilla.
- ✔ No siguis gaire expressiu, deixa els braços caiguts rectes al costat del cos.
- ✔ Amaga't una llanterna entre les mans, i encén-la dissimuladament quan hagis de mostrar els teus poders màgics.

IMITA'M

PRÀCTICA

Llegeix aquest text tenint en compte les indicacions d'abans!

IBRAHIMOVIC:
(LLIGAT AMB UNA CAMISA DE FORÇA AL VESTIDOR) ¿Has visto lo que hace la porca de tu Ibra?

INIESTA:
Míster, a mi too esto del terror psicológico me da mucho miedo. Creo que puedo hacer algo, como siempre estoy tan tranquilo le puedo pasar mi energía.

GUARDIOLA:
Vinga, va. Va!

INIESTA:
(FREGANT-SE LES MANS I DIENT LES PARAULES MÀGIQUES) ¡La verdad es que sí! ¡La verdad es que sí! ¡La verdad es que sí! Oh Dios de la calma suprema, dame un poder alucinante y que este muchacho se calme con una torta relajante. (COLPEJA IBRAHIMOVIC)

IBRAHIMOVIC:
¿Qué ha pasado?

INIESTA:
Ya está, míster, ya está más relajado. Puede liberarlo. Odio tener que recurrir a mis superpoderes, después de la semifinal contra el Chelsea en Champions me prometí a mí mismo que no volvería a usarlos. Y es que quiero ser humano como vosotros.

IBRAHIMOVIC:
¡Iniesta! (ENFADAT, EL PERSEGUEIX)

EXERCICI

***Crea i escriu amb llapis el teu propi gag de l'Iniesta. Un cop acabat compara'l amb el d'algun amic que tingui el llibre i decidiu quin és el millor. Si perds... canvia'l. Et posem en situació:**

A la sala de premsa, després d'un partit, Andrés Iniesta està menjant-se un xiclet de samfaina i bevent un batut de calçots mentre espera les preguntes dels periodistes.

PERIODISTA:
Andrés, com ha estat la teva expulsió per protestar a l'àrbitre? Què ha passat exactament?

ANDRÉS:

....

....

PERIODISTA:
I quina creus que podria ser la sanció que t'aplicarà el comitè?

ANDRÉS:

....

....

....

PERIODISTA:
I la sanció que t'aplicarà en Guardiola?

ANDRÉS:

....

....

....

....

CRACKÖVIA

LES PEL·LÍCULES de la DVDTECA

BUSCANDO A LEO

90 min / Apta per a tots els públics.

A les profunditats del Mar Mediterrani, un peix anomenat Leo s'escapoleix de les envestides d'un gran tauró blanc, Cristiano Ronaldo. La seva bona manera de fer el fa guanyador del Plàncton d'Or i el Fifa World Fish com a títols individuals en tots els premis que Neptú atorga sota el mar, deixant en segon lloc el desbordat selaci portuguès. A banda (com l'arròs, l'arròs a banda) d'aquests títols individuals, també n'aconsegueix de col·lectius com: La Lliga Marina, la Copa del Rap, la Seitons League, la Superpeix Espasa, la Superpeix Garota i el Mundialet de Pops. La pel·lícula té un final sorprenent. Molt integrat a la costa catalana, Leo es posa una barretina i balla el ball típic d'aquella contrada: la sardina.

DVD TECA

POCHEYÓ

45 min / Apta per a tots els públics.

Pocheyó és un jove entrenador que, vestit amb el seu xandall blau, intentarà passar-s'ho bé amb l'ajuda d'una escopinya gegant, digna d'una llauna oberta dins de Txernòbil, i un jugador trapella de Santa Coloma, que és qui porta la veu cantant de la pel·lícula erigint-se com a narrador.

DVD TECA

RICKY III

90 min / Apta per a tots els públics.

Tercer lliurament de la famosa saga en què un jove jugador de bàsquet es posa uns guants de boxa i comprova que és impossible agafar la pilota de bàsquet amb una mà per fer una esmaixada, jugar a pedra, paper i tisora o descordar-se els botons de la bragueta dels texans quan s'està pixant. Emprenyat i, per què no dir-ho, tot pixat decideix utilitzar aquells guants per donar un cop baix al seu antic club, després de rebutjar una oferta per batre's als rings d'Amèrica amb Mohammed Ali Bryant, Michael Lebron Tyson o Poli Gasol Díaz 'El potro de Sant Boi'. Buscant la millor sortida per a ell i els seus guants, prova fortuna al Barcelona, on anirà passant rounds fins a convertir-se en un autèntic campió. Per ser com un boxejador professional es compra un protector bucal, però quan intenta dir una paraula esdrúixola de més de 6 síl·labes se l'empassa, li queda travat al coll i és operat d'urgències pel Doctor House. Per als impacients que vulguin saber el final de la pel·lícula, us direm que acaba com totes: amb els títols de crèdit.

DVD TECA

OLIVER TWIST

45 min / Apta per a tots els públics.

A en Joan, altrament dit Oliver, li agrada ballar el twist. La seva dèria per aquest ball el fa guanyar-se la vida com a director general d'un club de futbol per aconseguir amb el seu sou els diners necessaris per apuntar-se a classes de ball amb la Mari Pau Huguet. Mancat encara dels diners necessaris, decideix adaptar a la seva manera l'homònima novel·la de Charles Dickens, però en comptes de robar carteres fa auditories de seguretat. Aquesta manera de fer, li permet créixer més dins del club, rebre un augment de sou i poder complir el seu somni. Però és massa tard. La Mari Pau Huguet el rebutja com a parella.

Sol, amb la seva càmera domèstica, espera passar algun dia el càsting d'*Oliver Flamenc* amb Antonio Canales, d'*Oliver Rumba* amb Peret i d'*Oliver Rínxols i Voltes* amb David Bisbal, guanyant-se així l'enemistat de la família Dickens.

DVD TECA

EL PEDRINO

90 min / + de 18 anys

Pedrito Corleone és 'El Pedrino', un dels jugadors més efectius de la Masia Nostra, una màfia de futbolistes joves associada al Barça. La seva pólvora a les botes el fa ser letal en totes les competicions que juga, i marca gols com si fos un accident. La família culer està molt contenta amb ell. En aquest film, Pedrito Corleone demostrarà que és millor anar amb peus de plom que acabar amb ploms als peus (al fons del mar) i que regalar caps de cavall als seus rivals no és un acte de mala fe sinó un hobby. I és que Pedrino on posa l'ull, posa la bola.

DVD TECA

CÓMO SER CRISTIANO RONALDO

90 min / Apta per a tots els públics.

Cristiano Ronaldo és un xicot amb èxit. Té tot el que necessita un noi de la seva edat per triomfar: abdominals.
Ara, un grupet de joves fans del futbolista, Paris Hilton i un tal Brujo Pepe, intentaran ser com ell fent més de tres mil abdominals diàries per intentar tenir aquell ventre musculós capaç de ratllar parmesà per tirar per sobre els macarrons. I és que qui no vulgui ser Cristiano Ronaldo en aquesta pel·lícula que tiri la primera pedra.

Ai, ui, ai, ui, ai... D'acord! D'acord!... Ai, ui... Prou!

DVD TECA

CASABLANCA

90 min / + de 18 anys

Florentino Pérez regenta un club anomenat La Casa blanca. Acompanyat per Jorge Valdano, no escatima en xecs ni bitllets per fer seves les millors cames del planeta: Kaká, Cristiano Ronaldo i Benzema. Amb aquestes estrelles, intentaran tornar a tocar la pilota, que fa temps que no juguen a res, i així ho demanen els seguidors: "Torna-la a tocar! Torna-la a tocar!" .

Al final, si això no és possible, als simpatitzants merengues "sempre els quedarà Messi" i podran agafar un avió per fer-se socis del Barça i veure bon futbol.

DVD TECA

SCHUSTER HOLMES

45 min / Apta per a tots els públics.

Tornen les aventures del famós detectiu alemany creat per Sir Arthur Conan Doyle. Famós per resoldre casos futbolístics amb una lògica aclaparadora —"*¿De dónde es el árbitro? ¡No hase falta desir nada más!"*—, ara s'enfrontarà al nou repte de buscar en un supermercat una porció del seu formatge preferit: l'emmental, estimat Watson, l'emmental.

"He tenido mucha suerte"

Guasch & Go

per Quique Guasch

L'entrevista

Pedro, el jugador abans conegut com Pedrito, m'obre les portes de casa seva.

He quedat amb Pedro Rodríguez a casa seva. Estic a punt de tocar el timbre però ell ja m'obre. Em disposo a demanar-li un cafè però ell ja el té a punt. M'indica on és el lavabo just quan l'hi anava a demanar. Aquest tio té *flashforwards* constants, com que és canari ho veu tot una hora abans i sap què passarà una hora més tard. Sap quines seran les meves preguntes. És tot una mica inquietant.

PEDRO RODRÍGUEZ: Buenos días, Quique. Muy bien, gracias.

QUIQUE GUASCH: Bon dia, Pedro. Com estàs?

P.R.: La verdad es que he tenido mucha suerte en este sentido.

Q.G.: S'ha destapat com un golejador, eh?

P.R.: Jajajaja, porque rezo.

Q.G.: Hi ha algun truc per marcar en totes les competicions?

P.R.: Lo confieso, Scarlett Johansson.

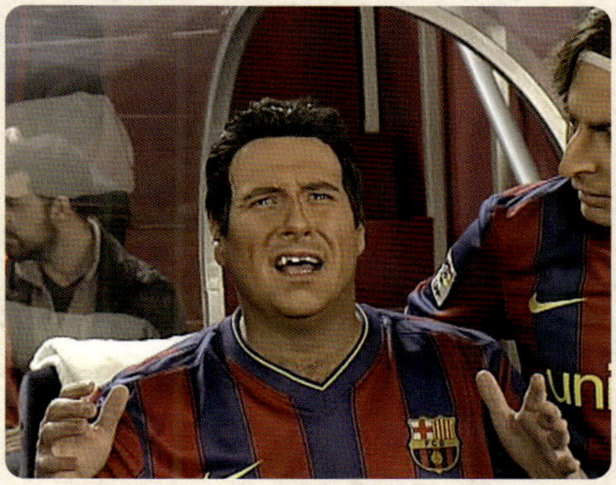

Q.G.: Volem coneixe'l més. Una actriu que li agradi per com n'està de bonota?

P.R.: Sin duda Carles Puyol. Es sensacional.

Q.G.: Un jugador que admira pel seu treball, esforç i per deixar-se la pell dia a dia?

P.R.: El rey.

Q.G.: A qui convenceria que es fes del Barça?

P.R.: Joan Laporta, que no lo es.

Q.G.: Qui del club li agradaria que fos canari per parlar amb coneixement de causa de la seva estimada terra?

P.R.: Tito, sin duda.

Q.G.: Un personatge de *Verano azul*?

P.R.: Piraña.

Q.G.: Un menjar que l'hagi repugnat?

P.R.: Los huevos de Dalí.

Q.G.: Li agrada l'art català? No sé... Digui'm què li agrada del Museu Dalí de Figueres.

P.R.: Los colores azulgranas.

Q.G.: I per acabar, ens pot dir quins colors són els seus preferits?

P.R.: No, eso nunca. Adiós.

Q.G.: Ja hem acabat. Espero que no s'hagi incomodat per les preguntes i adéu.

Em firma un autògraf abans que jo l'hi demani. M'obre la porta per marxar i em dóna un cotó fluix mullat amb aigua oxigenada. L'agafo sense entendre res. Tanca la porta. Baixo les escales de casa seva i em foto de lloros. Ara ho entenc! Quan arribo a casa, transcric l'entrevista i m'adono que no té sentit, que contesta les preguntes abans que jo les faci i a simple vista no concorda res. Si fem l'esforç de llegir l'entrevista al revés, podrem pillar alguna cosa.

Quique Guasch

PASSATEMPS

MESSIDOKU

Lionel Messi és el tio amb més pilotes que coneixem (de futbol). El problema és que les deixa desendreçades per casa. Avui ve la seva mare, que és una maniàtica de la neteja, a visitar-lo. Ajuda a ordenar l'armari de les pilotes, com diu ell, o dels nassos, com l'anomena la seva mare, amb pilotes numerades de l'1 al 9, partint d'algunes que ja són en el seu lloc exacte als calaixos de l'armari. No pots repetir cap xifra en una mateixa fila, columna o calaix. Ah! I no busquis la pilota d'or, aquesta la té a la caixa forta des del dia que la va xutar per apartar-la de davant del sofà i es va trencar l'ungla del dit gros.

	5		6	8				2
	7			3			5	4
	4			9		8		
5			3	2	9			
		1						
9	3		4			5		
						7		3
	1	8				4	9	
	9	7	5			2		

LES 7 DIFERÈNCIES

Busca les 7 diferències entre aquests dos presidents del Barça. Segur que en trobes 1.000, però si et fixes en aquesta foto només n'hi ha 7. Et pots *permitir* de trobar-les? Vés *¡al loro!*

En Jaume Roures està fent zàping mirant partits de futbol d'aquells equips de què ell disposa els drets. Bé, els drets i els asseguts, també.
Troba quins 10 equips està mirant ara mateix al seu televisor d'última generació abans que se li acabin les piles del comandament, sense preguntar-te: per què quan estan a punt d'acabar-se les piles del comandament premem les tecles més fort?

SOPA DE LLETRES

A	I	R	E	M	L	A	A	U	D
C	T	A	G	A	L	A	M	C	I
G	F	E	A	G	N	I	C	A	R
N	V	C	N	U	N	A	B	N	D
I	Ç	E	S	E	A	L	Y	Y	A
T	B	A	F	Z	R	L	T	J	M
R	S	O	A	B	L	I	B	J	L
O	X	H	M	U	E	V	F	H	A
P	Z	Z	L	R	F	E	Ñ	E	E
S	A	R	A	G	O	S	S	A	R

CADA OVELLA AL SEU CORRAL

El nostre amic Txingrinski ha decidit portar la seva ovella Quica a Catalunya. Com que no sap on posar-la, ha demanat al Puyol que li fes lloc al seu camp per deixar-la pasturar amb la Queca i les seves amigues. Al cap de dos dies, totes les ovelles es porten malament. Potser perquè els molesta que l'ovella del Txingrinski faci "Urrrhhhgg" i no "Bèèèèè". Però què hi vols fer, és estrangera, pobreta.
Per sort, en Puyi té tres cordes i amb això podria separar-les totes perquè no es barallin. Pots lligar les tres cordes a les estaques de manera que cada ovella estigui separada de les altres? Has de tenir en compte que les ovelles no poden tocar la corda ni amb les orelles.

Jeroglífics

Solucionar aquests jeroglífics et serà més fàcil que entendre la tàctica de Pochettino perquè el seu equip marqui algun gol fora de casa. Prova de resol-dre'ls. Si te'n surts a la primera tindràs molts números perquè en Daniel Sánchez Llibre et fitxi per a la davantera de l'Espanyol.

En quina part del circuit s'ha estavellat en Fernando Alonso?

A  -R

Què ha menjat per berenar en Joan Laporta?

  GU x I

On acostuma a xutar les pilotes en Víctor Valdés?

 - M D 

SOLUCIONS

1	5	3	6	8	4	9	7	2
8	7	9	1	3	2	6	5	4
6	4	2	7	9	5	8	3	1
5	8	4	3	2	9	1	6	7
7	2	1	8	5	6	3	4	9
9	3	6	4	7	1	5	2	8
2	6	5	9	4	8	7	1	3
3	1	8	2	6	7	4	9	5
4	9	7	5	1	3	2	8	6

A	I	R	E	M	L	A	A	U	D
C	T	A	G	A	L	A	M	C	I
G	F	E	A	G	N	I	C	A	R
N	V	C	N	U	N	A	B	N	D
I	Ç	E	S	E	A	L	Y	Y	A
T	B	A	F	Z	R	L	T	J	M
R	S	O	A	B	L	I	B	J	L
O	X	H	M	U	E	V	F	H	A
P	Z	Z	L	R	F	E	Ñ	E	E
S	A	R	A	G	O	S	S	A	R

JEROGLÍFICS

1. (A) (Bòxers) (menys la R) → A boxes
2. (Spa) (letis) (Gu per I) → Espaguetis
3. (Àmfora) (menys la M) (de) (una banda)
→ A fora de banda

EL JOC DE LA COPA

A conseguir les 6 copes no és tan fàcil com sembla. Des d'aquí et proposem el repte d'intentar-ho contra els teus amics o familiars. Escull un jugador i vés a totes en el **Joc de la Copa**

Instruccions

De 2 a 6 jugadors
(siguin comunitaris o extracomunitaris)

De 5 a 99 anys
(però normalment les partides són molt més curtes)

Per torns, els jugadors aniran tirant el dau i avançaran per les diferents caselles del tauler segons el valor obtingut. **El primer d'arribar d'una manera exacta al final serà el guanyador de les 6 copes i de la partida**. Però hi ha algunes caselles que travaran o beneficiaran la marxa cap als 6 títols:

Les copes:

Si un jugador cau en una casella on hi ha una copa haurà de dir en veu alta "De copa a copa i tiro per ser el millor d'Europa". Tot seguit avançarà la seva fitxa cap a la següent copa i tornarà a tirar.
CASELLES:
5, 9, 14, 18, 23, 27, 32, 36, 41, 45, 50, 54, 59

Els presidents:

El jugador passarà de ser temptat per Florentino Pérez a ser renovat pel president Joan Laporta.
Si caus a la casella núm. 6, vés a la casella núm. 12 i tornes a tirar tot dient "De temptat a renovat i tiro perquè m'he forrat".
Si al contrari caus a la casella de Joan Laporta, com que t'ofereix molt pocs diners per renovar, acceptes la proposta de Florentino Pérez. En aquest cas de la casella núm. 12 vas a parar a la casella núm. 6 i tornes a tirar dient "De no ser renovat a ser dels galàctics i tiro perquè em recolzen els poders fàctics". Això sí, cada cop que et toqui tirar, els teus companys t'hauran de dir "Tira, merengón!", i no et podràs queixar.

CASELLES: **6** (FLORENTINO), **12** (LAPORTA)

La lesió:

A vegades la intensitat del partit o les males condicions del terreny de joc fan que les teves cames no aguantin tot el que haurien d'aguantar i caus lesionat.
T'estàs 3 torns sense tirar, que és el que tardarà l'equip mèdic a donar-te l'alta; mentrestant, per fer la recuperació, dóna voltes a la taula fins que puguis tirar de nou.

CASELLA: **19**

El Núñez:

Quan caus a la casella del Núñez, aquest intentarà demanar-te diners i no et deixarà avançar fins que algun jugador caigui en aquella casella i sigui ell el blanc de la demanda de l'expresident. I és que és gravíssim! A més, t'has de passar tota l'estona del joc plorant fins que algú et salvi.

CASELLA: **31**

Amb el Guti de festa:

Quan caus en una casella d'en Guti aniràs directament a l'altra casella on hi ha el jugador del Madrid i diràs "De festa a festa i tiro perquè si no el Guti protesta", i tornaràs a tirar. Pim, pam, pim, pam... així de fàcil.

CASELLA: **26, 53**

Expulsió i sanció:

Un àrbitre ha considerat que fer un gol a l'estil handbol amb les mans és expulsió, i per això hauràs d'anar al carrer i estar un torn sense tirar. No es pot ser un virtuós de tots els esports!

CASELLA: **42**

Baix de forma:

Ser un futbolista ric i jove a vegades et porta pel mal camí. Vas a les discoteques, a dormir tard i el teu estat de forma baixa considerablement. T'estàs tornant Ronaldinho i et costa 6 torns tornar al terreny de joc.

CASELLA: **52**

El Mourinho!!!!:

Vaja, el Mourinho s'ha creuat en el teu camí. Quina por! Vés al teatre i torna a començar la partida des de l'inici.

CASELLA: **58**

Direcció
Pau Escribano

Direcció executiva
Joan Rufas
Toni Soler

Producció executiva
Carles Gené
David Felani

Realització
Marc Martín

Director de producció
Carles M. Fernández

Cap de producció
Sílvia Rodríguez-Arias

Guionistes
Òscar Andreu
Jaume Buixó
Òscar Dalmau
Jair Domínguez
Pau Escribano
Jordi Graví
Manel Lucas
Albert Martorell
Quim Morales
Gerard Florejachs

Actors
Queco Novell
Carlos Latre
Pep Plaza
Bruno Oro
Javi Giménez
Jordi Rios
David Olivares
Miquel Àngel Ripeu
Toni Albà
Agnès Busquets
Oriol Cruz
Xavier Serrano
Òscar Garcia
Alberto Jo Lee
Fermí Fernández
Mireia Portas

Director de fotografia
Xavier Costas (A.a.I)

Música original
Albert Alay

Disseny gràfic
ABUSE

Ajudant de direcció d'actors
Xavier Ricart

Direcció artística
David Aguado

Ambientador
Raül Fernández

Atrezzista
Nando Purcalla
Jorge Guamis

Ajudants de producció
Ana Elias
Sílvia Saiz

Auxiliar de producció
Ibon Cayón

Disseny vestuari
Esther Torres

Estilista
Glòria Viguer

Ajudant de vestuari
Olívia E. Rubal
Eva López

Maquillatge i perruqueria
Marta Bassols
Yolanda Serrablo
Susana Ben-Hassan
Marta Ferrer
Claudia Abbad

Ajudant de direcció
Ainhara Gamero

Muntatge
Santi Pons

Grafisme
Miquel Santiveri

Muntatge musical
Joey Nit

Ajudants de realització
Gemma Abenoza
Judit Mateu

Regidor
Àlex Baldomà

Cap tècnic
Ernest Pérez

Control de càmeres
Alejandra Esteruelas

Mesclador de vídeo
Edgar Tomàs

Operadors de càmera
Sergi Ventalló
René Cortabitarte
Àlex Piulats
Denis Calvarons

Tècnics de so
Àlex Albors
Marcel Vilar

Cap d'elèctrics
Damián Edery

Elèctric
Juanjo Sorribas

Auxiliar tècnic de plató
Raúl Escalera

Director web
Josep Maria Ràfols

Redactors web
Jordi Graví
Martí Lucas